和谐

丛书编委会

顾　　问：陶西平　卓　立
主　　编：王　欢　洪　伟
副主编：陈凤伟　范汝梅　金　强　南春山
编　　委：张　婉　王秀鲜　乔　红　吕闽松　韩巧玲
　　　　　刘　颖　张欣欣　汪　忱　郭志滨　陈　纲　王继红

▲ 和 谐 教 育 丛 书 ▲

灵韵流转

The Arts Education in Shijia Primary School

史家小学的艺术教育

范汝梅　陈庆红　张跃东 ◇ 著

中国发展出版社
CHINA DEVELOPMENT PRESS

图书在版编目（CIP）数据

灵韵流转：史家小学的艺术教育 / 范汝梅，陈庆红，张跃东著 .
北京：中国发展出版社，2012.9

（和谐教育丛书）

ISBN 978-7-80234-832-5

Ⅰ . 灵…　Ⅱ .①范…　②李…　③谷…　Ⅲ . 艺术教育 – 教学研究 –
小学　Ⅳ . G623.702

中国版本图书馆 CIP 数据核字（2012）第 201917 号

书　　　　名：灵韵流转：史家小学的艺术教育
著作责任者：范汝梅　陈庆红　张跃东
出 版 发 行：中国发展出版社
　　　　　　（北京市西城区百万庄大街 16 号 8 层　100037）
标 准 书 号：ISBN 978 – 7 – 80234 – 832 – 5
经　销　者：各地新华书店
印　刷　者：北京科信印刷有限公司
开　　　本：700 × 1000mm　1/16
印　　　张：15　插页 4 页
字　　　数：196 千字
版　　　次：2012 年 9 月第 1 版
印　　　次：2012 年 9 月第 1 次印刷
定　　　价：28.00 元

咨 询 电 话：（010）68990535　68990692
购 书 热 线：（010）68990682　68990686
电 子 邮 件：forkids@sina.cn
网　　　址：http: // www. develpress. com. cn

Foreword

序言 ❶

让和谐教育成为和谐社会的有力支柱

史家小学提出"和谐教育"的理念并进行了教育实践的探索，已经历20个年头了。当我们回顾这20年走过的路程，我们看到在卓立和王欢两位校长的带领下，和谐教育展现出了蓬勃的生命力。

有专家曾生动地解读"和谐"这两个汉字："和"是"禾"加"口"，就是人人有饭吃——民生；"谐"是"言"加"皆"，就是人人都有发言权——民主。所以，建立和谐社会就是既重视民生，又发扬民主。

建立和谐社会，是为了实现多年来仁人志士所追求的理想，也是顺应发生巨大变化的时代潮流。当今世界，人与自然的矛盾产生了生态危机，人与社会的矛盾产生了人文危机，人与人之间的矛盾产生了道德危机，人与自身的矛盾产生了心理危机，国家与国家的矛盾产生了安全危机，文化与文化之间的矛盾产生了价值观危机。因此，应对复杂格局，理顺社会关系，构建和谐氛围，以促进人类社会的可持续发展，就成为当前社会主义现代化建设面临的理论和实践的重大课题。

和谐教育既是和谐社会的子系统，又是建设和谐社会的基础工程。和谐教育应当体现在为每个人各尽所能、各得其所创造良好的条件，提供公平的机会；体现在为不同社会阶层和利益群体之间的流动拓宽渠道；体现在促进

I

人类的生产方式、生存方式、生活方式的合理转变；体现在为创造全社会以和谐相处作为价值取向的文化氛围奠定坚实的基础。归根结底，体现在将以人为本的科学发展观及建立和谐社会的理念作为指导思想，使学校教育在和谐中求得发展，在发展中创造和谐。

卓立校长在20年前就提出了和谐教育的理念，体现了对当今世界形势的清醒认识，体现了对社会的高度责任感，更体现了对教育功能的准确把握。这就使得史家小学的教育理念站在了时代的前沿。科学发展观的提出为和谐教育的实践提供了科学的指导思想。全面、协调和可持续发展的科学发展观，是推动和谐社会建立的重要理论基础，也是教育改革与发展的重要理论基础。学校教育只有坚持全面、协调和可持续发展，才能促进学校的和谐发展。

史家小学的实践证明，和谐的学校教育应当是重视全体学生全面素质提高的教育，不应当只重视一部分学生发展而忽视另一部分学生的发展，不应当只重视学生考试成绩的提高而忽视学生素质水平的提高，也不应当只重视学生共性的教育而忽视学生个性的教育。和谐的学校教育应当是公平的、民主的教育，通过树立干部与教师以人为本的服务意识，营造干群之间的和谐、教师之间的和谐、师生之间的和谐以及学生之间的和谐，形成学校公平与民主的体制架构与团结合作的文化氛围。和谐的学校教育应当是开放的、社会广泛参与的教育，通过形成家长、社区和社会的广泛参与，使学校教育把为社会的发展服务与为人的发展服务紧密地结合起来，并在取得家长、社区和社会理解的同时，自觉地置身于其监督之下。

因此，史家小学的教育在历届学校领导、教师和全体教育工作者矢志不渝的探索与追求下，展现了首都教育改革的精神风貌，丰富了素质教育的深刻内涵，积累了学校和谐发展的实践经验，体现了"北京精神"的生命活力。这套书就是20年来史家小学教育成就的生动写照，我非常高兴看到这套书的出版，并向史家小学的全体同仁致以崇高的敬意。

中国教育需要千万个像卓立校长和王欢校长这样的教育家，只有学校教育自觉地肩负起为全体人民各尽其能、各得其所而又和谐相处所必须承担的历史责任，让教育更加和谐，才能使教育成为和谐社会的有力支柱。

陶西平

国家总督学顾问、中国教育学会副会长

2012 年 7 月

Foreword

序言 **II**

和谐——教育的永恒追求

在史家小学和谐教育提创 20 年之际，得知学校集纳英才、荟萃思理，拟组织出版《和谐教育丛书》，系统总结和提升和谐教育的理论和实践，我深感喜悦。

史家小学是我国最早倡行和谐教育的学校之一。1992 年，在一次北京教育研讨会上，我提出了"和谐教育"的办学理念。之后，东城区教委为我组织举办了教育思想专题研讨会。从此，和谐教育就在史家小学扎下了根。从 17 岁任教到 65 岁退休，我在近半个世纪里亲历了史家小学的每一个变化。从 1991 年起，我任史家小学校长兼党支部书记，开始系统梳理学校的办学经验，体会到学校的成功之处就在于和谐教育。

在我看来，和谐教育就是以科学理论为指导，以社会发展需求与人的自身发展需求相和谐为宗旨，协调并整体优化各种教育因素，创设和谐的育人氛围，使受教育者在德智体美诸方面得到全面和谐的发展，具体包括"五个和谐"。一是人与人的和谐。史家小学的办学指导思想是"一切为了孩子，一切为了明天"，办学宗旨是"三全、三爱、三服务"，即使学生德智体美全面发展、面向全体学生、对学生全方位负责；爱事业、爱学校、爱学生；为学生服务、为家长服务、为社会服务。贯彻这一办学思想，就能够在学校中实现人与人的和谐。二是人与知识的和谐。学生是学习的主人，学生的主动"参与"是课堂教学之魂，教师既教书又育人，既要研究教法，又要研究学法。人们的认知规律是"由浅入深、由近及远、由此及彼、由简单到复杂、由特殊到一般"，我们必须遵循这些认知规律，才能实现人与知识的和谐。三是人与自身的和谐。实施和谐教育，就是要使教育符合孩子们的身心发展规律，让他们在融洽的人际关系中生活，心理上没有过分的压力，情绪上没有过度的焦虑，在和谐的氛围中学习。使学生做到：性格是活泼的、开朗的、自信的；与他人的关系是和谐的、关爱的；心态是积极的、进取的，成为享受成长快乐的少年。四是人与社会的和谐。我们必须面向明天培养未来社会所需要的人。在"学知"和"做人"上，应更多地关注"做人"，在"知识"和"能力"上，则应更多地关注"能力"。五是人与自然的和谐。尊重大自然，热爱大自然，服务大自然，享受大自然，实现人与自然的和谐相处。总之，孩子们在学校的生活应该是活泼的、欢快的，史家小学应该不仅是校园，也是乐园，更是家园。

教育不是选择适合教育的学生，而是选择适合学生的教育。"学会认知、学会做事、学会合作、学会生存发展"，这是联合国教科文组织提出的教育的四大支柱。在小学，必须重视学生非智力因素的培养，培养他们具有健康的心理品质和良好的行为习惯，这是培养孩子健全人格的需要。和谐教育致力于精心雕塑孩子的心灵，努力培养学生的实际能力，用心挖掘孩子的潜力，培养全面和谐发展的人才。在和谐、温馨的环境中成长起来的孩子，行为习惯和言谈举止应该是高层次的、有教养的，对社会也是相当有责任感的。史家小学的孩子很大气，很开朗、很阳光，具有很强的学习热情和学习能力。

和谐教育之所以能够引领史家小学 20 年高速发展，并且成为学校鲜明的办学特色，主要在于其教育理念的先进性和教育实践的自觉性。一所学校的先进，首先表现在教育思想的先进上。一个学校实施一种办学模式，必须把它变为每个教师的指导思想，内化为教师的教育教学行为，使教师能够创造性地执行这一教育理念。我提出经过"服从""认同""内化"三个阶段，通过"灌输与渗透""感染与熏陶""规范与升华"三种方法推进和谐教育，让和谐教育的办学理念逐渐地浸润到史家小学每一个教师的心灵深处。

史家小学和谐教育的理论和实践，对素质教育的发展起到了显著的标杆作用，具有典型价值和普遍意义。因此，我将尽一切可能继续拓宽和谐教育的精彩天地，继续描绘"把学校办成让家长放心地把孩子和孩子的未来托付给我们的学校"的蓝图愿景。

和谐教育，二十年风华正茂；情系史家，半世纪岁月熔金。今年，恰值我从事教育工作 50 年。路漫漫兮，上下求索。在永恒的教育长河中，我只是撷取了美丽的浪花一朵，而我时刻愿意与所有人分享这朵动人的和谐教育之花。

祝愿和谐教育花繁春盛！祝愿史家小学越办越好！

卓 立

史家小学终身名誉校长

2012 年 8 月

前 言

艺术教育是什么？人们轻易可得到答案：它是一种提高人们对美的感受和理解，培养艺术表现力和创造力的教育。要获取艺术教育的成果，不仅需要掌握艺术的知识，还要通过必要的技术训练掌握一定的技能，更要学会感受和鉴赏艺术。

作为儿童启蒙期的小学艺术教育，应该抓住启蒙期的特点，在孩子的心底播撒一颗健康的艺术种子，让他们对艺术由好奇、喜欢而至热爱。小学艺术教育不是通过六年的精心培养，造就一个个小泽征尔、达·芬奇、王羲之这样的艺术名家。若以这样的标准去培养，只能断送一代又一代孩子对艺术的热爱。所以，史家小学课内外的艺术教育首先是要营造一个学生喜爱的氛围，无论课堂教学还是团队活动，让他们在自己喜欢的氛围中喜欢上艺术学科。

史家小学的艺术教师们并不急于看到，孩子接受艺术教育后显现出高超的艺术技能，教师的第一责任是保护好孩子对艺术学科的好奇和喜爱，期待在多年之后，看到这些接受艺术教育的孩子，迸发出对艺术的挚爱。一个合格的艺术教师万万不可在孩子接受艺术教育的初期，踩蹋了他们对艺术学科的好奇与追求，让他们对学习艺术产生厌恶。

当然，科学的艺术教育评价体系也应力避这样的结果。

虽然不会以绝对专业水平去要求孩子的艺术成果，但要教给孩子们的艺术知识、技能和感受必须是规范的，避免偏门和野路子，否则，孩子将来会与真正的艺术渐行渐远。这也是小学艺术教育极其重要的方面。

众所周知，艺术教育过程是一个模仿、熏染的过程。史家小学的艺术教育更加关注学生在学习中的过程培养，更重视艺术教育中育人、育心的功能。在成人与成才的目的中，更要侧重前者。我们认为优秀的小学艺术教育标准应是：

第一，教师以学生乐于接受的方式传授规范的艺术知识与技能；

第二，学生在愉悦的情绪下主动积极地获取知识与技能；

第三，学生在提高艺术修养的过程中，个人的素质得以提升。

艺术作为满足主观与情感需求的文化现象，具有较强的主观性和个体性，这就使不同的艺术创作和感受主体具有较大的差异性。这决定了艺术教育必然是"关心每个孩子，为每个孩子提供适合的教育"。

为每一个具有发展潜质的孩子进行成长指导，为孩子一生的感受与鉴赏甚至发挥天赋奠基，这是小学艺术教育最为显著的一个特点。

史家小学的艺术教育有着自己的特征。它拥有的那些不同于一般学校的教育理念，促使学校艺术教育总能扬帆在前。这些被践行的理念，对小学艺术教育的开展，有着非同寻常的启示意义。

史家小学重视在全校孩子中普及艺术教育，孩子参与率高达100%。史家小学认为，艺术教育不是针对少数天赋高、艺术细胞发达的孩子的特别教育，而是面向全校学生的。在这种理念指导下，各年级的孩子都有机会直接参与艺术活动。同时，这种普及不仅仅局限于兴趣小组的形式。史家小学独有的梯队艺术教育模式，使得整个艺术教育有了一个递进的发展过程。虽然艺术是面向每一个人的，机会是均等的，但要达到更高层次的训练水平，还需要孩子们稳扎稳打、刻苦努力才行。也就是说，这种艺术教育既具有普遍性又具有挑战性。孩子由大众到小众的付出过程，也就是艺术教育效果逐渐显现的过程。

在进行艺术教育之初，史家小学强调感知的文化属性。从最初的带领孩子探索未知，到引导孩子对艺术发生兴趣，进而衍生出一种对学习渴望的过程，就是通过合理有效的艺术教育形式，让孩子能够积极转化自我的过程。在这一过程中，使孩子意识到艺术教育与人类社会及人类文明的重要联系，从而培养他们的人文情怀、思维能力和创造欲望。

史家小学认为，艺术教育不仅仅局限于艺术作品的创造，以及单纯地关注技能学习和专业表现，而应以更多的方式让学生通过史家小学特有的艺术教育，深刻理解艺术的社会力量，用艺术创造与艺术表现的形式，为师生搭建一个交流提升的平台，让师生和谐相处于艺术的氛围中，共同完成心灵的成长。

史家小学始终认为，和谐是一切艺术的出发点和归属点。小学艺术教学的重心，是启迪一颗颗童蒙的心灵，在掌握艺术这种人类表达和探寻情感的特定方式中，收获生命中的和谐、阳光与美，保证未来生活中对幸福真谛的更加贴近和对自身及整个人类幸福的创造。

史家小学就是这样让艺术的形式成为孩子心灵的节奏，在追求和谐教育的底蕴中，让孩子欣赏美、感受美、评价美、创造美，树立孩子良好的世界观、人生观、价值观，描绘出明天生活的阳光底色。

作　者

2012年8月

Contents

目录

I

第1篇
美的传承：史家小学的艺术教育理念

　　和谐的艺术教育理念，立足于全面发展的现实，是对传统教育理念的突破，更强调了艺术教育多种学科、多重能力和多种元素的平衡与共存。史家小学艺术教育工作积极倡导一种表达生态性的价值诉求的多元和谐的发展理念，以技能训练和审美培养为目标，以多学科共同发展为标准，在自我发展和多元发展的轴线上展开。这种新的定位和思路，体现了对科学发展观与和谐社会理念的具体践行。

引 子

"和谐产生美，和谐是一切美好事物的最大特征，是人们的追求，也是教育的追求。学生渴望和谐，家长欢迎和谐，社会需要和谐，每一位教师都应把和谐的理念贯穿于教学过程，努力创造和谐的教学氛围。"这是史家小学原校长卓立在他的专著《探索和谐教育》中的一段话。他还提出，和谐教育有利于全面提高孩子的素养。因为在温馨和谐的学校环境和家庭氛围中成长起来的孩子，思想境界、行为习惯和言谈举止都是有教养的，对社会也是相当有责任感的。艺术教育作为育人的重要途径，在陶冶情操、涵养道德、启迪智慧、激发创新，增强审美意识，使学生身心得到健康发展等方面发挥着不可或缺的作用。

卓立校长所倡导的和谐，具体是指"五个和谐"的教育理念。一是人与人的和谐。二是人与知识的和谐。学生是学习的主人，学生的主动"参与"是课堂教学之魂；教师既教书又育人，既要研究教法又要研究学法。比如"减负"，不是减掉一切负担，更不意味着教学质量下降，而是卸下学生身上繁多无效的负累，寻找适合孩子学习的最佳方法，提高教学质量。三是人与自身的和谐。一所学校的优良，很重要的方面在于，该校学生情绪的愉快度。实施和谐教育，便是要使教育符合孩子们的身心发展规律，让他们在融洽的人际关系中生活，心理上没有过分的压力，情绪上没有过度的焦虑，在和谐的课堂氛围中学习。四是人与社会的和谐。培养什么样人的问题是教育的一个根本问题，在当今教育中，在"学知"和"做人"上，应更多地关注"做人"，在"知识"和"能力"上，应更多地关注"能力"，从而面向明天培养未来社会所需要的人。五是人与自然的和谐。要教会孩子们尊重大自然，热爱大自然。孩子们在学校的生活应是活泼的，欢快的，充满生机的，富有创造性的。学校为学生们提供的学习环境应是校园、乐园和家园。这些理念对史家小学艺术教育的目标、途径和方法都产生了深刻的影响。

在和谐教育思想的指导下，精心雕塑孩子的心灵，努力培养学生的实践能力，挖掘每一个孩子的潜力，为社会培养未来的人才，培养与自然、社会发展相和谐的人才。努力创造条件让学生在和谐的教育氛围中愉快地学习，在和谐的兴趣乐园中陶冶情操，在和谐的人际关系中接受教育，健康成长。和谐教育，不仅是德智体美全面发展的和谐，也是每个学生情感、意志、性格形成过程的和谐；不仅是教与学的和谐，也是教学内容与教学方法的和谐；不仅是校内各种教育的和谐，也是学校教育、家庭教育与社会教育的和谐。

和谐教育理念还包含"用和谐的方法育人""促进学生全面和谐发展""发现每一个学生的闪光点""不要把学生拴在分数的战车上""平民教育"等教育观念，这些观念为学校艺术教育的发展提出了要求与方向。为了实现"培养全面和谐发展的人"这一培养目标，史家小学非常注重学科发展的和谐、教育教学途径与方法的和谐。因此，史家小学不但重视发挥语文、数学、英语等学科的育人功能，而且重视艺术、科技、体育等学科在促进学生全面发展方面不可替代的作用。和谐教育理念引领史家小学的艺术教师不断探索小学艺术教育的理念，力求让学生受到"最好的""最正确的"而又"最适合"的艺术熏陶，为将来继续从事艺术教育或拓展个人的兴趣爱好奠定良好的基础。史家小学艺术理念引领学校的艺术教育行走在健康发展的道路上。

　　史家小学基于对基础教育的深刻理解，在纵深化、综合化、特色化发展中，全面指向孩子的健康快乐成长，从而为基础教育阶段的和谐艺术教育工作，提供了能够引导教育者掌握艺术教育的规律，为史家小学提高育人能力，促进受教育者思想品德及整体素质和谐发展，提供了有益模式。

　　和谐教育理念的提出，为史家小学艺术教育指出了方向，在对学生德、智、体全面教育的同时，越来越重视艺术教育，学校在硬件设施以及艺术课程上积极配合，提供比如美术教室、琴房、剧场和各项艺术课程的师资力量等各方面的支持，这些都充分体现了史家小学对艺术教育的重视。史家小学的艺术教育在和谐教育理念指导下日渐完善，学生经常参加国内外各种文艺演出，并获得多方好评。

　　面对急速翻新的艺术形式，小学艺术教育者应该注重基础学科与新兴学科的和谐。艺术是把握时代脉搏的先行者，每当新的艺术形式诞生并成为热点，就会在社会上引起相应的反应。当代的艺术教育从学科划分来说，在很短的时间内，原有的绘画、音乐、雕塑等传统科目，已经快速衍生出许多新兴的艺术门类。摄影、服装设计、视觉艺术、动漫等等门类从诞生到兴起，很快就成为热门学科。学校与时俱进，很快就将这些门类列为兴趣小组，向孩子们大力宣传。学校还专门引进了学服装设计的教师，全方位营造艺术教育环境。

　　持守艺术教育的本质，小学艺术教育者应注重专业技法与审美素质的和谐发展。现在小学艺术教育面临的一个问题是，有的学生具有良好的舞蹈功底、绘画技能或劳技操作能力，但是在创造力和感受力上却显露出了不足。这种现状对艺术教育工作来说是一个巨大的考验。一方面，教学的本分要求，授业者必须在很短的时间内，达到对所教授的艺术专业知识的深入理解和全面掌握；另一方面，学校还有相应的演出任务及接待任务，这就要求孩子们要对所学知识完全理解和熟练运用。目前，史家小学的艺术教育更注重外在的技能与内在的素质两方面的和谐发展。艺术作为高级的文化形式，固然要求参与艺术活动的孩子具有较高水平，应该继续强化对学生基本技法的训练，使他们掌握扎实和过硬的基本功。然而，艺术又是一种美的体验活动。这就需要孩子不仅要具有一定的技能，还要有审美的内在素质，不仅可以表现出饱含美感的艺术作品，而且还能够拥有"感受美的眼睛和耳朵"。审美素质的培养应该从理论的积累方面入手，为学生制定配套的校本课程，尤其与孩子自身的情况相适应，使学生在丰厚的文化底蕴中积蓄技法上突破的实力。

史家小学的办学指导思想"一切为了孩子",表达了"尊重学生、为学生发展服务"的观念,表达了"尊重学生的差异,让每一位学生获得发展"的观念,表达了"促进学生全面和谐发展"的观念;"一切为了明天",是指教育要关注学生更长远的未来,关注学生步入社会以后的需求。这些观念深深影响着史家小学的艺术教育理念和实践。

学生在学习方面的兴趣、能力是有差异的,在艺术方面更是如此,尤其是对艺术技能的掌握,学生的差异十分显著。史家小学的艺术教育尊重学生的差异,给学生提供多样化的选择,充分尊重每一位学生感受艺术、学习艺术的权利,而并不是武断地替代孩子做教育的选择,剥夺孩子的教育权利。史家小学立足于"全方位、多角度、多规格和多层次地培养各类人才、为拔尖创新人才奠基"的人才观,自觉抵制义务教育阶段把精英教育作为学校的培养目标的做法,面向全体学生,有教无类,让每个孩子享受公正、公平的艺术教育。

因此，史家小学的艺术教育面向全体学生，尊重每一个学生感受艺术、学习艺术的权利。学校通过营造浓郁的艺术氛围、整合丰富的课程资源、开展多彩的艺术活动、组建"阶梯式"的艺术社团，其目的正是在于让每一位学生能够感受艺术、享受艺术，进而追求艺术。史家小学对艺术教育有独特的理解：学生接触艺术，首先是用眼睛看，用耳朵听，然后用心感悟，接下来才是用手去实践。比如任何一个孩子学习音乐都不是从看谱子学起，一定是从感观体验开始。先让孩子去感悟、体验、感知，然后再带领他们去参与，再进行更高级的专业学习。实践证明，每一个孩子都有对艺术本能地喜欢，而艺术教师的职责在于尊重学生的兴趣，为其提供多种选择的机会。

第1节　尊重孩子的兴趣爱好

满足孩子选择的权利，就要打破目前学校教育对学生在学校应该学习什么、学习到什么样的程度，都事先规定好的现状，同时给孩子足够的选择条件和空间，根据自己感兴趣的学习对象，去选择自己的学习。这是以学生发展为本、开展自主性学习的根本。史家小学尊重学生选择的权利，让他们真正感受到艺术带来的新奇与快乐。而选择是建立在艺术教育资源非常丰富的基础上的，因此，史家小学努力上好每一节艺术课，依托艺术课程为学生提供最全面的营养；努力开发各种艺术门类并打造各种门类的精品，史家小学在音乐、书法、厨艺、美术、茶艺、合唱、舞蹈、形体等方面的教育实力雄厚，让学生总是能选择到"最好的"；努力拓展艺术课程资源，如果说，艺术门类丰富是横向拓展的话，那么校本课程的开发即是纵向的深入，让每一门优质的、丰富的课程资源为学生一生奠定坚实基础。与此同时，为了保证学生有选择的权利，学校做到这些还不够，还要积极与家长沟通，形成家校合力，共同为孩子能够自主选择而努力。

史家小学的艺术教育，便是充分尊重了孩子自己的兴趣爱好。有的孩子喜欢劳动技能的课程，愿意在劳技课堂上用树叶画画或拼贴图案，让他去美术课堂接受素描训练却并不愿意；有的孩子喜欢自由唱歌，让他去合唱团拘泥于某个声部却不愿意；有的孩子喜欢跳舞时的婀娜多姿，乐于体验表演给他带来的享受，让他去练习书法培养心性却不愿意。每一个孩子都有自己的心愿，史家小学的艺术教育就营造激发孩子兴趣的氛围，让孩子从点滴培养自己的爱好，从内心去选择自己喜欢的艺术形式。

在这个快节奏、讲求高效率的时代，教育方向与选择专业被紧紧与"天分"联系在一起。多数家长都希望自己对子女的教育投资能做到效率最大化。通俗地说，就是在最短的单位时间内学会最多的知识。当然这个是没有问题的。然而，家长为孩子选择一个课余专业的时候，往往会忽视孩子的心声，而更多或者说过多地追求效率。当孩子的选择与自己的期望相悖时，有些家长固执地认为，孩子的想法是幼稚的，根本没必要去考虑。对这种情况，史家小学的艺术教师有不同的看法，他们坚持家长要赞同孩子自身的选择。因为，这是孩子的兴趣所在，孩子的兴趣任何时候都是非常宝贵的，不能随意扼制。同时作为教师，需要做的是帮助孩子去分析。由于孩子年龄小，对问题、对事物的看法有片面性；而家长可能想得长远，觉得学习某种艺术形式对今后的发展会有所裨益。在这种情况下，教师就要做好家长与孩子之间沟通的桥梁——站在孩子的角度，将艺术学习的方向向孩子指明，在耐心地讲清楚道理之后，让孩子自己去选择。这样既培养了孩子对自己选择的责任感，也锻炼了孩子坚持自己兴趣的意志。当然，必要的话也要做工作让家长尊重孩子的选择。

很多家长不仅对孩子的认识不客观，在功利思想的影响下，他们还无一例外希望孩子成龙成凤，看到舞蹈社团是金帆社团，就觉得选择这里很风光，一窝蜂地想让自己孩子进舞蹈团。实际上，很多孩子自己并不喜欢舞蹈，或者不具备相应的舞蹈能力，根本不适宜进舞蹈团。作为教师，应该懂得，尊重孩子的选择，是艺术教育的重中之重。

2010年，舞蹈老师谷莉专门在形体课上做了一个关于低年级男孩学习舞蹈的课题研究。研究表明，男孩子在这个年龄阶段特别愿意展示自己，表现自己，若老师将其兴趣点找到，可以拓展男孩的舞蹈的视阈。譬如，二年级男生小凯就特别喜欢舞蹈，他自己选择了踢踏舞，并愿意为此吃苦，谷老师就因势利导将他带入舞蹈的世界。后来，他的踢踏舞跳得有模有样，有板有眼，谷老师甚至专门为这个男孩编了一个舞蹈，并且这个舞蹈还荣获了大奖。

选择同样也是双向的，孩子有依据自己的兴趣进行选择的权利，但孩子适合什么，就需要教师细心斟酌了。在管乐团里，每年都有很多孩子报名参加，乐团就对孩子的条件进行甄别。孩子的唇形、嘴形都是重要的选拔标准。如果孩子的嘴唇较薄，就会考虑让这个孩子吹圆号；如果孩子嘴唇小且厚，就更适宜吹小号；如果孩子个子高，手臂长，可以让孩子去学长号；如果孩子身材魁梧，嘴唇较厚，大号就是最好的选择。这样的选择因人而异，每个孩子都可以将自己的身体特长发挥出来，让自己的特长有所倾向。这样的二次选择对孩子来说是必要的，当然，其中必定会倾注教师颇多心血。

史家小学的教师从来不会对学生的需求、愿望、能力和特质视而不见，而是将之视为宝贵的教学资源，不断挑战自己的教育理念、教学方法和教学机智。"什么样的学生都能教""让所有的学生最大限度地获得发展"，这些观念和做法让史家小学的教师成为"最棒的"教师，也让史家小学的学生成为"大气"的学生。

很多人说，孩子是最好的老师，是对这种教与学交互关系中学生方面的偏重。这种偏重表达了一种教师对学生的尊重，是对多年来教师主导教学全部过程"权威"身份地位的一种矫正。如果教学过程中"教"与"学"的均衡一旦被打破,便成为一种失衡的教育,教出来学生要么是匍匐在权威脚下的顺民,要么是不知深浅的狂徒。

史家小学的做法是,让教师通过对孩子的尊重、理解、体谅、欣赏,不仅将原本属于孩子的学习与创造的权利还给孩子,还让孩子自由、自主、民主地参与艺术教学活动的过程中,使他们独特的精神世界和价值观念被认同、引导和发展,保证孩子按其本性健康成长,成人成才。

在学校的金帆舞蹈团,谷莉老师在创建该团初始就有一个信念:一定要发挥孩子的想象力和创造力。2005 年舞蹈团创编踢踏舞《爆米花》,就是邀请一群孩子一起创作完成的。在课堂上和在每次演出后,谷莉老师总是让孩子去总结自己的得与失,了解自己的明确目标,学会自己去管理自己。现在,舞蹈团的孩子升到了高年级,都能承担"小老师"的重任。舞蹈团排练过去的舞蹈时,"小老师"们常常自告奋勇把动作交给新团员,把队形编排周到。"小老师"们在上面排,谷莉老师在一旁辅导。这一方面让孩子们从小就体会了当老师的辛苦与责任,另一方面又真正体验了教与学的相融相生。

第2节　贴近孩子的生活世界

学者梁漱溟曾说过:"教育应该着眼于个人的全部生活而领着他走人生大道。"艺术教育,尤其小学艺术教育更应要贴近孩子的生活,由此才可深入孩子心灵,激发他们的学习兴趣,带他们走入美好的艺术之门。情境、游戏、真实的生活体验,是在孩子心田中播撒下幸福快乐艺术种子不可缺少的阳光雨露。这样的教学理念,在史家小学的教师中极其普遍。

2008 年,张佳老师接受了学校科幻画兴趣小组指导老师的工作。从

2008年9月到2012年7月，科幻画兴趣班获得了令人满意的成绩，大约提交过将近百人次的科幻画作品，先后有几十人次分获市级、区级创新大赛科幻画比赛的一、二、三等奖，科幻画兴趣班还在2011年、2012年连续两年获得了东城区先进集体的称号。北京市古人类博物馆的老师得知史家小学在科幻画方面的成绩后，特意在王府井地铁站的科技长廊里将学校的科幻画做成灯箱，进行展览和宣传。

王府井地铁站科技长廊中的史家小学科幻画灯箱

张佳老师熟悉班上每一个孩子的特点，知道他们喜欢什么、擅长什么，学生的每一个点滴的进步，她都给予充分的肯定和鼓励。因为画科幻画，需要一次又一次地提升和超越，不能重复，不仅要丰富科学知识、了解新的信息，还要有开放的心灵，善于异想天开，还要有社会责任感，关注所有灾难、灾害，去想各种各样解决的方法。正是因为科幻画的这种特性，孩子们从中受到了潜移默化的影响，学会思考、学会正义。张老师认为，科幻画班的意义在于通过这样一个形式铸就了一些从小有意识改变社会的学生。经过科幻画班的学习，很多同学收获很大，孩子们知道了如何去收集资料查考信息，知道了想象是创造的源泉，磨炼了意志，以及以什么样的形式与材料更好地展示主题。有些同学因此而走上了艺术的道路，还有些同学成为班级里绘画和科学的领军人物。

有一次，学校举办无主题科幻画比赛，学生可以从自己感兴趣的课题入手，从不同角度切入，去表现不同领域的不同内容。可是，孩子们在听到这个消息后的兴奋劲还没过，就马上开始发愁，因为他们对画什么感到茫然。

一开始，孩子们的思路总是跑不出宇宙、海底等这些过高过大的题材范围，想出的点子都不新颖，一不留神就容易和别人雷同。美术老师李阳要求孩子们把思路拉回到日常生活中，引导他们思考：平时人们在生活中都遇到过哪些解决不了的困难，哪些问题是现代科技还无法解决的，大自然给我们带来了哪些灾害，还可以结合低碳减排创作出环保科幻画等。创意不怕小，只要能切实解决人们现实生活中的实际困难就好，比如交通堵塞问题、尾气排放问题、残疾人的生活问题、老龄化社会出现空巢老人问题、纺织品如何提高御寒功能、农作物农药超标问题、食品卫生问题、不治之症医学难题、地震与泥石流的预测、清洁能源的开发，等等。

配合这些问题的提出，李阳老师还在网络上搜集了世界各国各界人士的许多创意点子和创新小发明，开拓孩子们的思路。比如，有一位日本人设想用人体体温的热能为手机充电，既方便又环保；还有人想用纳米技术设计一种微型机器人，输送到人体血管中，像清道夫一样清理附着在血管壁上的垃圾和沉淀，解决现在医疗技术无法根治的心脑血管病。

李老师的引导很有效，孩子们的思路一下子被打开了，纷纷争着阐述自己的想法。有的说要设计一种恒温调控的御寒防热服装，有的说要设计一种太阳能马甲，有的说要研制出能代替人体器官的人造器官，还有的说要培育出能结出发光果实的植物，又有的说，要设计为盲人服务的能翻译动物语言的耳机……在热烈的讨论下，每个同学都确定了适合自己的主题，高高兴兴开始了创作（见彩色插页"史家小学科幻画比赛学生作品"）。

小学生往往更具有独特的人格特征，他们敏感、思维活跃、好强、自信、有很强的表现欲。所以，史家小学的艺术课堂紧紧贴近孩子的生活世界，用他们身边有个性、有生命力的东西吸引孩子，从而培养孩子独立自主、勇于创新的个性品质。当然，孩子在这个过程中，也能充分体验到调动自我主观能动性的乐趣。

第3节　播撒健康的艺术种子

是用功利的心来对待孩子，让艺术教学在他们身上立竿见影，还是在孩子内心播撒一颗健康的艺术种子？这是和谐的艺术教育理念的关键所在。这颗艺术的种子可能不会在短时间内发芽，但教师不应人为地去摧伤它，而要竭尽全力地呵护它，引领孩子去探索和思考其不曾涉及、从未触碰的艺术领域。

李阳老师的美术课《变脸的太阳》，可以很好地诠释这样的育人理念。这堂课主要结合低年级学生特点，通过情景引入、小组合作、自主探究、学生动手操作、图片欣赏、情感调动等教学手段，使学生能在掌握太阳变脸方法和掌握点、线、面的基础上，表现多种造型各异、新颖且个性化的太阳。

上课开始，美术教师李阳先用情景导入的方式播放几张川剧变脸的图片，并告诉学生"变脸"的含义，接着，李老师让学生自己尝试做一做高兴、不高兴的两种表情。随后，李老师又做了惊讶和悲伤的表情，并适时在学生面前放上太阳的外形。这样，学生的学习情绪一下就被调动起来。李老师在教学中，还抓住这个年龄段的学生非常乐于表现自己的特点，在布置作业的同时，设计了作品展览专栏，并用语言激励学生，很好地激发了学生的创作欲望。

　　实际上，小学艺术课堂应当是唤起孩子激情、激发孩子潜能、展现孩子生命价值与活力的舞台，也是教师教育智慧充分彰显的场所。苏霍姆林斯基曾经指出，应该让学生在艺术的课堂上，"享受到热烈的、沸腾的、多姿多彩的精神生活"。

　　史家小学的艺术教育秉持春风化雨的和谐理念。在书法课堂上，陈庆红老师一直强调，书法是中华民族几千年积淀下来的文化瑰宝，它的价值悉数体现在我们今天的执著传承上。即使现在社会各方面都已经发生了翻天覆地的变化，但是书法中蕴含的艺术品性确实是需要孩子们从小开始培养的。如何让学生感受到这种文化的价值？陈庆红老师要求孩子们一定要学会触碰，她认为艺术只有在真正的触碰后才会有美丽的火花。

　　举个例子来说，有一次她的书法课教习"立"字。陈老师首先向孩子们提了一个问题："如果你是几千年前的祖先，在没有创造文字之前，你会用什么方法来诠释'立'这个概念？"孩子们纷纷回答"立"就是"人站在地上"。

　　"那如果由你去创造文字的话，你会用什么元素来表达？"

　　陈老师要求孩子们用手中的毛笔将他们心目中的"立"字描绘出来。果不其然，孩子们画出来的确实和祖先描绘的样子非常接近。即使时间已经流转了几千年，但和祖先依然可以有思想的碰撞。这种碰撞凝固成一个一个美好的汉字。

　　简简单单的一节书法课，通过陈老师的引导，孩子们深刻地记住了"立"字的起源、发展和美好的特性，更直接地感受到了汉字的价值，这样的一种教育理念也将孩子与书法艺术拉得更近。

　　在课堂上，教汉字的结构时，陈老师也刻意让孩子去发现汉字的美好，让孩子理解每一个字的穿插避让、左右配合，理解汉字的"精在结构"——左收右放是为了字能紧凑，这是汉字本身的相互谦让；字体均衡是为了对称与美，这是书法习练蕴含的中庸美学观点。

这些小小的细节，在不经意之间将艺术的种子播撒在每个孩子的心中。

在一节美术公开课上，教师利用电教手段，让学生观看几个学生的背面头像，让大家猜猜他们是谁。这一"看"一"猜"，一下子点燃了学生情感与思维的火花，引发了他们强烈的求知欲望，同时拉近了师生的心理距离。当一个个背面人物逐渐转到正面时，一个个谜团也打开了。这更引发了学生的兴趣，紧张的教学气氛变得缓和、轻松，学生开始摆脱了被周围众多教师观看、观摩的窘境，真正进入了求知的情境。

有时候教师也会将课堂延伸至校园外，去参观画展，让孩子们更直观地接触艺术。"邓拓捐赠中国古代绘画珍品特展"展出时，学校就曾组织上美术课的孩子去参观。孩子们饶有兴趣地逐一欣赏了每一幅馆藏书画作品。大家一边欣赏，一边讨论，不少同学还发表了自己的见解。他们有的说感受到了山水画中山水的苍秀、清新，充满了诗意和生命力；有的说从其勾画线条中感受到了笔墨雄健，气势磅礴，具有独特的风格……这样的活动让孩子们大饱眼福，受益匪浅。孩子们也许领略不到作品的真谛，但是这样的艺术课，却拉近了孩子们与艺术的距离，激发了他们对艺术的热情。艺术的美、艺术的种子悄然播撒在了孩子们的心田之中。

这些教师是艺术教育花园里的园丁，他们辛勤播撒艺术的种子，精心耕耘，培土浇灌，为的是明天能绽放出一朵朵美丽的生命之花。关注孩子生命的幸福，呵护他们生命的灵性，发现他们成长中的价值，教师在读懂、理解、感悟和呵护他们的过程中，自己的心灵也升华到一种高尚的美的境界。

张淑华老师评价孩子的美术作业，常常别出心裁地使用"三方评价制"，即家长评、孩子评、教师评，希望从各个方面给予孩子鼓励。有一次，张老师发现一个孩子作业反馈表上"家长评"栏目中写的满是批评的话语，"自评"栏目中孩子填的则是"差差差！！！！！"。张老师非常困惑，在征询孩子意见之后，和孩子的母亲通了电话。通过了解，张老师发现这是一个单亲家庭，母亲身上的担子很重，平常工作也忙碌；不过，对孩子的期望却非常大，一旦孩子做得不够好，就会严厉斥责或横加批评。这让孩子从小自信心不足，对自己一味否定。

张老师耐心地告诉孩子妈妈，对待孩子不能急躁，对不重要的事，成人往往会选择忽视，但那对孩子来说，却可能至关重要。所以，如果不够重视，换来的就是孩子自小的敏感、懦弱与不自信。张老师举了这次作业评价的例子说，如果做母亲的都不能认真细致地对待，那如何让孩子有被肯定的感觉呢？

孩子妈妈听了张老师的话后，十分认同。后来这个母亲认真聆听了孩子对自己作品的详细讲解，接着郑重其事地在评价表上写下了肯定话语。而这个孩子在自评时，也不再认为自己的作业是差的了。

张老师看到了这样的转变，特意在老师评价栏中写道："孩子，你是最棒的，你画的画老师认为很有想象力！"得到老师、家长这样的评价，孩子的心灵仿佛得到清泉的滋润。这在童年阶段，对孩子的心理成长是至关重要的。

有这样一个家／不知不觉间我也融入了其中／淡忘了参与它的初衷／每一次回家／都亲历着它的不同／不变的是惊喜，还有感动／家里的主角是一群阳光少年／小一些的是初露小荷尖尖的丫丫／大一点便是俏花旦姐姐／还有哥哥姐姐是先锋队／带着弟弟妹妹／传承坚持勤奋、追求阳光的家训／舞动稚嫩执著的翅膀／展露出他们的灵气和优秀。

家里的配角是妈妈义工／冬起可不闻鸡鸣／夏归宁月亮在身后／随叫随到，车前马后／每个都会72变，任你提要求／看本领都有好身手／比风采，侠骨柔情绵绵无休／比母爱，更是如海般深厚。

家中的灵魂是谷老师／谈起她／我们都有太多的感受／看不到她有休息日／听不到她诉辛苦／一次次的叮咛／一次次的嘱咐／收到她的短信／已是在孩子睡了之后／只为演出效果更好些／事事俱细，不辞辛苦。

从叽叽喳喳的小丫丫／到文雅婀娜的白天鹅／谷老师／妙笔生花，慧眼识珠／从发现／再培养／促成材／到放飞／年年都经历着收获和耕耘／年年都经历着迎接与分手／每次轮回都看到她深情相拥，微笑泪流／一代代的传承／一代代的创新／金帆舞蹈团的气势和精湛依旧——依旧。

从学校的支持／到老师们的相助／舞蹈团的发展有了你的关注和我的携手／才创下了史家金帆舞蹈团的成就／家里每个人都很忙碌／甘愿辛苦才容易幸福／短短的同行路／只盼望一直同它甘苦与共。

这首诗是金帆舞蹈团孩子的家长写给敬爱的谷莉老师的，诗歌那细腻笔触所描绘的，不正是这些辛勤园丁播撒下的艺术种子开花结果的美丽情景吗？

史家小学强调，艺术教育不仅仅是局限于艺术作品的创造，单纯的关注技能学习和材料运用。学校在意的绝不仅仅是孩子能够唱出什么歌，跳出什么舞，吹出什么曲，写出什么字；而且是让学生通过史家小学特有的艺术教育，深刻理解艺术的力量，用艺术创造与艺术表现的形式，为教师和孩子搭建一个交流的平台，让师生和谐相处于艺术的氛围中。

史家小学始终认为，和谐是一切艺术的出发点和归属点，艺术教育的重心是人类表达和探寻情感的特定方式。他们希望让艺术的形式成为孩子心灵的节奏，让孩子创造美、欣赏美、感受美、评价美，树立孩子良好的世界观、价值观。

每个孩子都是一个特殊的个体，每个孩子的未来都通向未知。教育者最重要的一项工作，就是带孩子接触众多领域，观察、了解和引导孩子，让他们在众多的选择中，遇到自己的喜爱和特长，服务于未来将要担负的使命。

孩子的认知是感性的，教师应鼓励他们从兴趣出发去学一样东西，并从中享受学习的乐趣。孩子的潜能具有不稳定性，很有可能随时会转移兴趣；

并且，孩子的兴趣以外在的、短暂的有趣为主。所以，在最初的教育过程中，教师应先稳固孩子的兴趣，以孩子感兴趣的方式来调动他们的学习潜能。

有时候，教师也会混淆潜能和爱好的概念。在这两个概念中，爱好的范围很广，所含感性因素偏多，而潜能则是对事物所具备的更高层次的素质。比如孩子喜欢看表演，只能说明他爱好看表演，这不是潜能。孩子喜欢看图画，只能说明他爱好形象的艺术，这也算不上什么潜能。但这些爱好对潜能来讲大有用处。教师要通过对这些爱好的培养和引导，将爱好转化成孩子的潜能。要知道，孩子的潜能是无限的，只要为孩子们创造适时的平台，他们的潜能就会大放异彩。

史家小学每一节课都具有史家特色，能激发学生的有效思考，调动学生积极参与，注重学生学习能力的培养，在落实国家课程的基础上与校本课程进行了有效对接。学生的学习是有针对性、有实效性的。学校的课程资源丰富，教师的学科素养与基本技能都很优秀，在课程育人范畴，学校强调进一步提升学校教育教学水平，强化教学管理，促进教师的专业化发展，使和谐课程体系为全体学生成长奠定基础。

在这样的工作保证之下，史家小学的艺术教师人人铆足劲，将艺术教育的智慧发挥得淋漓尽致，去发掘那些属于明天的艺术创新人才，让每一位学生的艺术潜质得到开发。

第1节　每个孩子都有天才的潜能

无数事例证明，每个孩子都具有有待开发的潜能，潜能的水平有时很难预料，从这个角度来讲，每个孩子都是天才。然而，学生的潜能是需要教师来开发的，并且这种潜能的开发，需要和谐的氛围。在义务教育阶段，切忌过早地把孩子拴在分数上，因为事实证明，学生全面发展了，应试能力以及其他各方面综合能力也相应提升。

那么，如何让这些天才的潜能尽可能多地发掘出来呢？"罗森塔尔效应"告诉我们：赞美、信任和期待具有一种能量，它能改变人的行为。史家小学的老师们对此也做出了个性化的探索。

1. 淡化天赋论，鼓励每一位学生

很多孩子都有自己热爱的艺术门类，但却因自身条件无法得到教师的重视和家长的认可，久而久之孩子自己也怀疑自己，最终放弃。这使得教师常常反思，所谓"天赋"真的比兴趣还重要？对于那些表面上缺少些天分的孩子，究竟该怎么教育呢？

史家小学的老师们认为，每一个孩子身上都有自己的闪光点，同时也并不是每一个孩子都具有舞蹈、歌唱或其他艺术天赋。可是在具体教学中，决不能让一个孩子产生一种他没有艺术天赋的念头，而是以鼓励为主，淡化这种"天赋论"。

这就需要教师勤于观察，找到孩子的优势和突出之处。比如一个孩子在演唱过程中，尽管音不准，但有时候节奏却能跟得上，那么在课堂上就应充分发挥孩子这方面的优势，当别的孩子在唱歌的时候，这个孩子就可以给大家用打击乐器配器。由此，一方面，可以培养孩子对音乐的信心；另一方面，也使其消除了从此之后不敢触及这方面艺术的想法。通过这种方式，孩子的心理状态获得及时调整，孩子的兴趣得以保护。

孩子艺术的潜质来源于哪里？如何发现它们，甚至引发这些潜质的自然生发？

史家小学的教师在艺术课程设计上，摒弃了传统技法技巧的直接介绍，而是让孩子自由地把内心深处的想法，通过他们自己的语言、肢体，手脑并用地把它塑造出来，并自主感悟、归纳、发现技巧与技法。

譬如，乐团要演奏一个乐曲，教师首先要引导孩子理解作品，感悟真情。乐团的教师高侠在孩子们学习演奏新乐曲《黑狼》之前，会先将这首《黑狼》播放出来，让孩子去描述这段乐曲表现的情景。

孩子们会想象：在月光如水的夜晚，一匹黑狼迷失了道路，它寻寻觅觅，不断前行，一直走到日出，一直走到光明……在想象的同时，孩子们慢慢领会了该段乐曲用什么样的速度和力度，凸显的是何种情感诉求。在这个互动的过程中，师生都会思考整个乐曲的节奏、走势、情绪、场景。在深入理解后，教师这才开始训练。

如果像很多人那样，只是教师单方面提要求，讲要点，孩子们对作品的感悟一定会流于形式，乐曲真正演奏出来也会缺乏情感。而现在的教学方法，师生会产生真正的共鸣，冷不丁就会有艺术的火花被碰撞出来，随后学生演奏中的创新会喷薄汹涌。确实，在随后的表演过程中，孩子们富有热情的演奏，使这首《黑狼》充满激情，让人仿若置身于茫茫黑夜与草丛之中，循着黑狼的步伐前行。

如果教师按照传统的习惯示范、讲授，学生可能只会从教师那里学到四五成技法，他们表现出来的艺术作品往往单调乏味，缺乏生气，潜藏的丰富情感世界得不到充分的展示。史家小学的艺术课堂，给了孩子们一个空间，让他们自己去探索、交流、发现。因此，作品在演奏和创作中，就能更好地表达孩子们内心深刻的思绪变化，并摸索创新的表现形式。正是这样的课堂经历，使孩子们逐步由模拟的再现，到抽象的表现，由写实到符号化，他们表现的内容积淀为形式，他们的想象、观念积淀为感受。

小学生创作科幻画有很大的难度。学生既要具备一定的绘画造型表现能力，又要在科学的基础上有着活跃的思维和丰富的想象力，这两方面的能力都要具备。画科幻画的学生在开始都要进行能力测试，教师接下来会针对学生各自的特点来选择他的创作方向。例如，有的孩子造型能力强，教师就让他主攻绘画，有的孩子动手能力强，教师就让他在创作材料的选择上为主，有的孩子想象力强、点子多，但是绘画能力弱，教师则重点在绘画上进行引领。

杨子居同学是很多教师公认的很有个性的学生。张佳老师从三年级开始教杨子居所在班级的美术课，新学期兴趣班开课，杨子居主动报了科幻画班。开课以后，张佳老师向同学们讲述了科幻画的特点、要求，并带领学生欣赏分析历届获奖学生的作品，之后师生开始讨论，制定创作方向，每个人选选题。子居画画得很好，线条流畅丰富，也十分自信，但她的画缺乏完整性，因为年龄小，对于科幻画的理解显然还不足，她把题材局限在漫画的范围里，不过她很有自己的见解，一般不容易改变想法，她坚持自己的构思并坚持采用她当时特别喜欢的素描来完成画作。经过对她的观察，张佳老师想，如果强硬地阻止她的想法可能会引来她的抵触情绪，那就干脆让她画下去，直到自己发现此路不通，这样才有可能信服老师。结果，她画到最后有点画不下去了，因为素描的基本功还很薄弱，处理透视、明暗关系显然还差得远。张老师帮她修改了，子居也可以认识到她的问题了。虽然整个作品完成后的艺术效果离获得奖项是有很大距离的，但她极具潜力。从这次小小的挫折，张老师看到了小子居有百折不挠的毅力，并且她很看淡成绩，只信服实力。在四年级时，她还是选择了科幻画兴趣班，经过一个学期，增进了对科幻画的理解，她有了很多的想法，并且愿意和张佳老师商量创意，也接受张老师的建议，产生了很多的构思，最后他们一起确定内容并以她最擅长的绘画手法，来完成画作。这样，小子居在四年级的时候就在科幻画上获得了很好的成绩，得到了科协评委的认可，她的作品分获北京市教学植物园的植物科幻画大赛一等奖以及北京市创新大赛科幻画比赛的二等奖。

陈庆红老师的书法班里有个孩子叫通通。十岁的通通，手眼协调性极弱，无法像别人一样写出端正、工整的字。可是当陈老师每次面对他的作业时，

通通的书法作业

内心却充满了宽容和期待。经过陈老师的悉心指导，通通的作业（右一）比他之前的作业，特别是本学期的第一次作业（左一）干净多了，笔画形态、字的大小、占格位置、结构等，也都有了明显的进步。在一般人眼里，书法学习只有比赛获奖、参加展览，才算是成功的体现，但那毕竟是少数。书法教育像任何艺术教育一样，面对的是全体学生。因此，如何让更多的孩子在自己原有水平基础上得到提高，并看到自己在通往"天才之路"上的进步，分享孩子发现自己天分后的快乐，才是陈老师的课堂教学目标。

这个发生在史家小学的故事，同样让人体会到，多一些激励，多一些信任，每个孩子都可以不断提高。

2. 善于发现每个孩子的潜质

史家小学有针对性和预见性地对孩子进行科学合理的艺术教育，从真正意义上让孩子赢在起跑线上。

教师积极去了解孩子的优势天赋和潜在的不良倾向。他们强化孩子的优势天赋，对一些潜在的不良倾向，通过早期艺术启蒙，取长补短，引导孩子全面发展；通过发展孩子优势天赋，引领孩子以强项带动弱项，激发孩子多方面的潜能。

对孩子来讲，发挥某个领域的天赋，培养某门特长，不光在这个领域会受益，同时，由于这种特长极大地强化了他的自信，常常带动其他弱项的发展。因此，在促使孩子全面努力学习科学文化知识的同时，教师应注意孩子特长的培养和发展。那些强令孩子放弃自己的特长，而只埋头读书的做法是极其错误的。

史家小学的教师更善于发现学校的小天才们，譬如在音乐课堂上，教师会想尽办法让孩子用心听，张开嘴。音乐以听、唱为主。学校的音乐校本教材里汇集的不全是世界精品，而主要是适合相应年龄段的音乐作品。在这个听的过程当中，教师授学生以学习的方法——怎么去听，怎么理解音乐，表现的是什么，怎样表现。这些积累到了一定程度，学生张嘴唱歌时就会有味道。与此同时，他们善于营造快乐的学习氛围，让孩子们沐浴在身心愉快的情绪之下。由此，他们一步步深入学生敞开的艺术内心，寻找孩子深深蕴藏着的潜能。

学校合唱团有一个孩子叫刘嘉羽。他的家长根本不认同孩子有唱歌的能力，总觉得自己都五音不全，孩子更没可能开口唱歌了。而在学校和谐的艺术教育氛围熏陶中，刘嘉羽报名参加合唱团。通过一段时间的正规训练，孩子终于升入了合唱一团（可以正式上台表演的团体）。有次排练一首合唱歌曲，刘嘉羽还因为表现出色，担任领唱。这个飞跃，是嘉羽的家长怎么也没有想到的。在刚刚结束的专场音乐会上，他的家长看到孩子的表现，非常震惊。他们说，在如此宏大的场合，嘉羽作领唱已经让他们刮目相看，而且领唱的还是一首无伴奏的歌曲，更是让做家长的目瞪口呆。他们在惊叹孩子的潜质的同时，也非常感谢合唱团的老师悉心观察，积极发现。

合唱团李娜老师倒并不惊讶，在她刚听到嘉羽的声音时，就确定这是一个能作领唱的孩子。虽然家长当时不是很重视，但是孩子有潜质这是最重要的，所以，李娜老师不辞辛苦认真栽培，不仅增强了孩子的自信心，也培养了他对艺术的热情。

其实，史家小学的教师也很重视在日常教学中发现孩子的潜能。学校的音乐考试方式就很独特——让每个孩子对着摄像机清唱。这不仅调动了孩子的激情，在这个过程中，教师还能更容易地发现具备潜能的孩子。

2010年史家小学的毕业典礼刚刚结束不久，一位家长在她的博客中，深情讲述了自己孩子在史家小学六年来接受艺术教育对其成长的重要作用：

孩子长得好快啊！想起一年级我们一起在雨天的下学路上，诞生了图画书作品《水牛儿》……毕业典礼上，美术张淑华老师抱着娇娇泪流满面。6年里，美术张老师最喜欢娇娇，虽然她从来没有直接教过娇娇班，但是作为学校兴趣班的辅导老师，一直辅导娇娇获得了东城区艺术节美术作品一等奖、北京市黄胄杯的美术作品一等奖。

不仅如此，这位家长谈到对孩子将来的选择时老师给予家长的建议，这些建议与小学艺术教育的精神实质高度契合，与学校的艺术教育指导思想极为接近：

临毕业，张老师找我谈了多次，为娇娇是去重点中学还是上艺术专科学校多次商讨。张老师是一个非常看好娇娇才华的老师，她推心置腹的话语给我留下了深刻的印象。假如娇娇在未来岁月中从事了与美术相关的工作，与史家小学美术张老师有不可分割的联系。张老师让她保持个性，张扬自由的艺术感觉，同时，理解她兴趣广泛、爱好众多的特点，让孩子有特长、有爱好地迈向自信的人生。这是我见过的最最人性化的老师。张老师的女儿也是今年小学毕业，凭借大提琴的特长，进入了八中。在祝贺张老师的同时，我是多么感谢她，感谢她给所有的孩子建立了美好的追求。这，比得到"双百（指学业成绩获得满分）"更重要。因为没有人会靠"双百"的历史在长大成人后获得快乐；而艺术的给予与熏陶却给人的一生带来满足和幸福。

感谢史家小学！感谢所有教过娇娇的老师们！

再见！史家小学！

由此可见，史家小学艺术教育是无论从宏观还是微观，无论对学校还是家庭、社会都是成功的。在贯彻落实国家中小学艺术教育方针政策层面，史家小学从校长到教师的高度一致性，创新教学手段的有效性，在当今教育界具有很强的示范性。

第2节　善于激发孩子的艺术潜能

人类深藏着巨大的潜能，思想、渴望、感知、信仰、乐观、选择、想象、专注，给予、决心、坚持、学习，意志、毅力、情感、爱，等等，这些与生俱来的力量，在一个人的孩童时期，就利用各种契机，或以暴风骤雨，或以微风拂面的姿态，雕刻出一个个潜能无限的天才。

众所周知，艺术属于创造性活动，艺术学科是目前学校中直击孩子心灵的课程，它对于孩子感知的训练是其他科目不可比拟的。孩子的艺术细胞是与生俱来、不教自为的，比如我们会经常看到孩子在自发地涂涂画画，手舞足蹈，或哼哼唱唱。他们稚嫩的小手，画出似是而非的形象符号，像模像样的色彩画面；他们清亮的嗓音，唱出他们心中的思想与渴望；他们一举手一投足，或模仿或演绎韵味十足……

这些艺术行为，在一定程度上，表达了孩子不同年龄阶段的生理、心理状况和愿望。孩子知道什么，思考什么，需要什么，追求什么……他们有丰富的内心世界，而艺术是他们表达自己内心世界的工具。如果缺少应有的正确引导、开掘和培养，他们的艺术形式就会停滞在简单、重复的低级阶段。因此，在对孩子的艺术教育中，根据儿童特点，有的放矢，因势利导地激励其无限想象力和创造力，是开掘孩子艺术天赋，培养其艺术观念形成的重要方式。

在史家小学，挖掘孩子潜质，进行创新型人才培养，更是作为一个完整的体系工程来开展的。2010年，史家小学的国家级课题《探索校本课程和谐发展促进创新型人才培养的行动研究》申报成功，以此为依托，学校开展了全员行动研究，发现并培养创新型人才。在学校的"十二五"发展规划中，拔尖创新人才培养工作被命名为"超新星"计划，作为学校发展的金牌项目之一。"超新星"是一种未爆发能量的天体，一旦爆发，它的能量将超过太阳。在创新型人才培养中，学校坚持"面向全体，拔尖培养"的原则，形成了"创设创新型课堂，构建和谐课程，开展学生成长指导"三位一体的拔尖创新人才培养机制。学校的课程设置基于学生现实生活，为未来生活做充分准备。围绕学校培养"和谐的人"的育人目标，学校注重学生的责任意识、规则意识等五大意识和认识社会的能力、交往能力等五大能力的培养。在此基础上，学校整合了国家、地方和校本三级课程，坚持育人为本，坚持能力为重，培养孩子掌握未来的能力和选择未来的力量，为全体学生成长奠定基础，实现成长和成才同步，从而构建了史家和谐课程体系。学校各学科教师，结合学生的兴趣爱好和学科特点来确定培养对象，并为培养对象建立"成长档案袋"，记录学生的成长历程。如对于有绘画天赋的同学，学校一方面为之配备专业的导师团队，进行个性化指导；另一方面，学校为孩子创设展示平台，开办个人画展，促进学生的个性成长。此外，学校还设立史家小学"小诺贝尔奖"，培养科技新星。打造舞蹈、合唱、管乐、小剧团等高水平艺术团队，使"史家艺术之星"熠熠生辉。

那么，如何在这一教化过程中开掘孩子们的艺术潜质呢？

1. 抓住童心童趣，积极创设艺术氛围

著名捷克教育家夸美纽斯认为："兴趣是创造一个欢乐和光明的教学环境的主要途径之一。"爱因斯坦也说过："兴趣是最好的老师。"可见，兴趣对孩子的学习是十分重要的。因此，教师要善于巧妙地抓住孩子纯洁稚拙的

童心和容易被新鲜事物吸引的特点，进行有计划、有成效的挖掘和培养。

到了一定年龄阶段，差不多所有的孩子都爱表现，这是他们的天性。但他们一开始并不知道什么叫艺术，也并不把自己的涂抹写画、唱歌跳舞当作一种艺术行为。孩子们对周围的任何事物都充满着好奇。他们好问、好动，把自己所见所想用画笔画下来，用歌声表达出来，是因为好玩、有趣。

在教学中，史家小学的教师注意正确有效地启发引导孩子，不断激发他们的热情和兴趣，培养和提高他们的技巧，强化进而诱发他们潜藏的艺术天赋。

行草书一直是小学书法习字不可触碰的"雷区"，人们认为学习行草书之后，孩子的字就会写不工整。因此，练习和欣赏的范本都被限制在楷书、隶书的范围之内。其实，对小学生来讲，可以不写行草书，至少认识、了解还是有必要的。因为，行草书与楷书相比较，展现了另一个角度的书写艺术之美，是对艺术感受与认知的一种很好的补充。

书法教师陈庆红在她的课上作了一个小调查——"你如何看待行草书？"

48%的学生对行草书最初的印象是"乱"——这是受到行草书的表象影响而形成的看法，是由于对行草书陌生、不理解以及不具备欣赏的基本知识造成的。另外，小学生写字总是被要求写得要工整、干净、尽量不涂改等，当他们看到行笔连带、任意涂抹的现象，自然会认为不符合书写的基本要求。

18%的学生认为行草书"帅"，并非他们看懂了，而是一种被"要求"束缚久了的反抗心理，或是对自由自在书写的向往，或是有一种写连笔字标志着长大了的心态使然等。

为了增加孩子们对行草书的认知，陈老师给孩子们播放了电视片《千年书法之热血真卿》的第一部分，并提出两道思考题：

（1）影片中给你留下印象最深的环节是什么？

（2）通过影片对《祭侄稿》的解析之后，你对行草书有了怎样的新认识？

对问题（1），44%的学生表达了对颜真卿书写的被誉为天下第二行书的《祭侄稿》印象深刻。有的是被片中配合书法作品出现的电闪雷鸣的声光电效果感染了，震撼了，说一地墓碑，音乐强劲，很震撼。有的是随着解说从头至尾对书法作品有了深入了解，理解了其中的节奏变化、情绪变化，明白了如何去欣赏一幅行草书。如他们提到，"悲壮的字让我好像看到了他的眼泪""书法家用字来表达内心""行草书也饱含着深刻的对象"。其次，有24%的学生被颜杲卿（颜真卿侄子季明之父）父子视死如归、为国捐躯的英雄气概所打动。19%的学生则是对身为书法家的颜真卿带兵与叛军安禄山作战，产生了好奇和敬佩之情。如"颜真卿机智勇敢、爱国、有军事才能""书法家还会用兵""我对唐朝历史感兴趣，这样相对应就在脑海里留下了深刻印象"等。

对问题（2），42%的学生明确理解了行草书中所蕴含的"情感"。如"一个个字都饱含着作者的感情，就不觉得那么乱了""行草书其实不乱，需要仔细看""注入情感的行草书才好""书法家用字来表达内心"等。有31%的学生用"潇洒、苍劲、刚烈、悲壮"等形容词来表达自己的体会。

从孩子们对行草书认识的前后变化不难看出，陈老师的积极引导是成功的，在陈老师创设的艺术氛围中，孩子们在发挥自己的主观能动性后，对书法艺术有了全面的认识。

2. 及时鼓励，增强孩子的自信心

自信心对每个人的终身发展都起着不可估量的作用，可以帮助一个人逐渐建立人格魅力，拥有健康人生。儿童不同于成人，他们还比较脆弱，对挫折的心理承受能力差，很在乎别人对自己的赞赏与批评。

书法教师陈庆红每次批改作业都会把写得好的孩子的名字记下来，并在下次课上宣读他们的名单，以鼓励孩子们向榜样学习，更快进步。在他每次

念名单时，孩子们都相当专注，有的甚至屏住呼吸静听，不管平时写得怎样的孩子，都期盼着此时自己的名字会被点到。一旦宣布完毕，有人"耶"来有人"唉"，真是有人欢喜有人愁。一次，当读到了小原的名字时，全班齐刷刷地发出一声"啊？！"有惊诧，有质疑……然后，同学小雨带头给她鼓起掌来，随之全班同学一起为她鼓掌。一般来说，得到掌声的同学大都面色微红，因为内心乐开了花。可是，小原却板着个面孔，以一副严肃的样子回应大家的热情鼓励。掌声刚停，她就断然说道："等等，老师，是不是搞错了？"那质问的语气把大家都整懵了。还没等同学们反应过来，她接着说道："是不是上一次我拿错本子了，我本子上的字是我同桌写的吧？"意思是表扬的人不可能是她，而应该是她的同桌。听她这么一说，刚刚还热烈为她鼓掌的同学，也陆续认同了她的说法，"一定是搞错了，怎么会是她呢？她不可能入围的……"等到陈老师确认了小原和同桌的字以后，发现没有搞错，可小原依然将信将疑。

事后，陈老师向同班的小雨了解情况，才得知小原在低年级的时候就特别爱哭，脾气不合群，同学们都不愿意接近她，甚至还嫌弃她；久而久之，连她自己也习惯了怀疑自己、否定自己。陈老师发现这个问题后，觉得有责任呵护小原这棵受了伤的小苗，就通过书法学习，多给她鼓励，逐渐增强她的自信心。同时，也通过在书法课堂上对小原的表扬，改变同学们平日对她的态度，真正从内心接纳她……随着表扬次数的增加，现在的小原开始习惯同学们的掌声，不再抗拒，不再面无表情，慢慢地也不再面带羞涩地礼貌性地鼓掌还礼，而是面带笑容、大大方方地把手伸向大家鼓掌还礼。可别小看了这一细微动作的变化，这其中包含了小原的放松、愉悦、自信，和对同学们发自内心的感谢和接纳。

美术老师张跃东至今还记得卓立校长说过的一句话："当学生越过可爱的时候，你需要给他更多的爱。"就是说，一个孩子可能很淘气，很不听话，甚至有些先天的不足，教师就需要倾注更多的心血来关爱与栽培，来沙里淘金般去发现他的潜质，锁定并发掘出他的潜质，对这个孩子的健康成长意义可能更为重大。

班里有一个叫小天的孩子，他的语文、数学等学科成绩往往是整个班级最低的，但在美术方面却有着自己的天赋。后来，张老师了解到，这个孩子有一定的心理障碍，母亲为他操碎了心，甚至甘愿为他从原来心外科医生转为心理医生。即便这样，还是没能治好孩子的心理疾病。张老师认为，小天只在美术课上有好成绩发展就太片面了，离全面发展太远。于是，他就想到一个办法，为孩子办画展。由于之前在学业方面处于落后的状态，班级里有些孩子不尊重小天，但是通过办画展，孩子们对小天刮目相看，甚至引以为豪。因为学生个人画展每学期举办一次，学校三千多个学生到目前为止才举办了九次。也就是说，只有九个孩子向全校师生展示了自己的才艺，能够举办这样的画展，对学生来说很难得。这也是对学生本人的一种认同，特别是小天的画展还是史家小学唯一一个为男生举办的画展。所以，这给了小天极大鼓舞，他的自信心提高了，相应的心理障碍也得到了缓解。在这个基础上，小天其他学科成绩也得到了很大的提高。当然，他更爱画画了。

在艺术学习中，如果盲目地认为他们写得不好或画得不好，而加以指责，会给在学习过程中的他们造成心理压力和障碍。"我不知道怎么唱歌""请你帮我画""我不想跳舞了"，这一类语言是训练过程中经常出现的。这影响了孩子们的进步，久而久之，会让他们失去学习的信心。其实，孩子从不敢到敢，再到渴望，就是心态上的很大进步。了解他们的愿望、爱憎、兴趣，循序渐进地提出要求，是很有必要的，一定不要把某种技法强加于儿童。

史家小学的教师用心做一个萦绕在学生身边看不见的精灵，与他们交往，经常勉励他们，而决不可压抑或强制他们。对刚开始接触艺术课程的孩子，只要求他勇敢地去表现。对孩子来说，教师的这种关心、支持和鼓励，以及启发、指点和帮助，使他们有一种能表现出来的自信、表现得很好的欲望，以及对进步的成就感的极度渴望。这样，孩子就越来越喜欢艺术，对艺术的兴趣也越来越浓厚。

3. 培养孩子的观察能力，引导他们发现美并欣赏美

艺术课程是帮助孩子们通过观察去感知丰富世界的，而兴趣是观察的动力。孩子艺术作品的题材，来源于他的直接生活和间接生活。现实生活、美丽的大自然，在孩子幼小的心灵里，留下许多美好的印象，形成了他们独特的体验和感受，他们的眼睛里有成人们所看不到的生活情趣。

在四年级的音乐教材中有一首歌曲叫《中国功夫》，大家都很熟悉，整个歌曲要求情绪刚健有力，起伏跌宕。但不知道什么原因，为这首《中国功夫》配的音乐范唱的版本，非但没有能够准确表现出歌曲应有的"精、气、神"，甚至还有些韵味不足的感觉。于是史家小学的音乐教师就拿了这个范唱带给孩子们听，事后询问："大家听一听这个演唱者把情绪拿捏准确、表现到位了吗？"

通常这种情况下，一般孩子会觉得这个作品是教材给的，一定是最棒的，特别是范唱本，哪还会有不好的呢？大家纷纷说乐曲很刚健，这儿好，那儿好。这个时候，也有孩子表达了不同的感受："我觉得这个范唱本某个地方吐字没有爆发力""这首歌曲，演唱者唱得有点软，没有阳刚之气"等。慢慢的，孩子们的议论声越来越多，大家提出的质疑也越来越多。

接着，老师找来了屠洪刚演唱的《中国功夫》，拿这个版本和范唱本对比，孩子们很容易就发现了二者的差别，这时就有孩子说："在乐曲的配器上面，原版本用了我们中国京剧的元素，用了民族乐曲，所以它更加能够突出我们中国功夫的那种魂。"

这样，在比较过程中，孩子感受美、观察美和欣赏美的能力一点一滴就被培养起来。同时，孩子们也认识到，教材并不见得是最好的。这个乐曲的

整个学习过程，其实也是帮助孩子观察和思考的过程。

在艺术教学中，史家小学的教师就是这样，善于引导孩子树立良好的审美观念，鼓励他们多观察，把生活中看到的、听到的，最新鲜、最激动、最感兴趣、印象最深的事情，用艺术形式表现出来。由此培养了他们观察事物的习惯，使他们拥有了一双能洞察事物、具有审美能力的眼睛，从而有意识、有目的地去认识世界，发现生活中的美，提高了他们对自然美和社会生活美的感知和认识能力。

4. 不拘泥客观形象，启发孩子们大胆想象创作

想象力的培养，在对孩子的教育中有着重要的意义。艺术教育要呵护孩子的想象力，发展他们的创造力。艺术创作是发展孩子想象力和创造力的一条有效途径。

音乐老师高侠坚信艺术是最能够培养孩子的想象力的。在音乐欣赏课教学中，高老师给孩子们播放了一首埃及的音乐作品《尼罗河》。在播放的过程中引导学生尽情想象。这首歌曲一开始呈现的是一望无际的沙漠，而在沙漠深处又有着悠远的河流之声。听过第一遍，孩子们有了整体感受后，在听第二遍的时候，她引导孩子去倾听整个乐曲中出现的风声、水声。孩子们感受到弦乐表现出的旋转的风，以及竖琴在模仿水纹及水流动的声音。在这个想象过程中，孩子们争相模仿，意欲创造一个属于自己的"水世界"。

由此可见，孩子往往对艺术那种天马行空的表现快感充满着渴望，教师适时的激发，就会令他们用大胆的想象进行自由自在、汪洋恣肆的艺术创作。小学艺术教育的魅力，就在于其教学内容充满神奇的想象力，与孩子选择对象的无目的性、创造出的艺术形式的不受限制，及其心理活动的稚拙纯真相互辉映，赋予他们一个宽广神秘而又独自拥有的独特世界。

多年的教学经验告诉美术老师李阳，教孩子们学美术并不是要把他们人人都培养成美术家，而是在学习过程中陶冶情操，培养学生包括想象力在内

的各种能力，使他们得到更全面的发展。因此，李老师认为不能以像或不像为准则来评价孩子们的美术作品，而是要关注孩子们的画中是否真实反映儿童的内心感受，是否有独特性、创造性的新颖表现。

孩子眼中的世界与成人是不一样的，他们的视觉形象多半是直觉与想象的综合。只有随着年龄增长，知识的积累，技巧的提高，这些形象才能渐渐变为直觉与理解的再现，变为主动的再创作。所以，只有了解了孩子们的认知规律，才能正确评判他们的作品。

本书彩色插页中有几幅作品是一年级小朋友画的《变脸的太阳》，乍一看，图A图B这两幅作品形象生动可爱，色彩鲜艳，具有强烈的视觉冲击力。小作者对太阳的脸孔和光线进行了大胆的想象和细致的描绘，画面饱满，构图合理，用线流畅肯定，用色对比自然。在色彩的处理上，能够根据自己的内心感受进行有目的的选择，通过色彩来表达自己的意愿，使画面拥有鲜明的个性。

图A的小作者表现的太阳乖巧、美丽，她主要采用红、橙、黄和粉、桃红这两组柔和对比的颜色来衬托这个太阳的性格，柔和的色彩和甜美的形象十分吻合，很好地诠释了小作者内心的所感所想。图B作品则从形象和色彩上都给人一种活泼跳跃的感觉，太阳光长长短短，参差不齐，却有规律地向一侧弯曲，太阳就像个调皮的孩子，不停旋转滚动，整个作品静中有动，充满动感，但活而不乱；在色彩的处理上，运用色彩的强烈对比来衬托太阳的性格，使画面协调统一。显然，这两位小作者具有一定的造型表现力和丰富的想象力，能够运用绘画完整地表达自己内心的感受。

与之相比，图C和图D这两幅作品则好像有些怪异和凌乱，形象不够突出，颜色不够均匀，画面缺乏整洁和统一。如果用传统的眼光来评价，这两幅作品要比前两幅作品稍逊一筹，评价等级也许要低一些，但李阳老师却不这么认为。

对李老师来说,图C、图D给她的第一感觉是奇特、与众不同。她认为这是孩子想象力的最好的体现。其中图C作品用色彩表达自己心中的太阳,画面色彩斑斓,绚丽多彩,太阳造型奇特,滑稽可爱。小作者突破了对太阳色彩的习惯认识,运用多种亮丽明快的色彩烘托太阳明媚的光线,虽然色彩很丰富,但小作者对色彩的选择却是很有想法的:中间对太阳的装饰颜色偏浓重,外围太阳光的色彩处理则运用了柔和对比的浅色系,整体上给人一种明快淡雅、绚丽多彩的感觉。图C的作者宋雨槐告诉李老师,她画这幅画时是把自己想象成了太阳,这幅作品是按照自己的样子画的,大大的嘴巴,刚换的大板牙,稀松的牙缝,可爱的小鼻子都是他的特点。小作者在这幅作品中显示出非凡的想象力,她说自己给小太阳梳了一头的小辫子,辫梢上还别着鲜花,头上顶着一顶漂亮的小帽子,上面还装饰着桃心气球……当李老师问她为什么用这么多颜色表现太阳时,孩子说:"因为太阳是彩色的。"孩子的回答深深打动了李老师,因为这打破了一个成人的思维观念,让人们深刻地领略到孩子天真快乐、多姿多彩的内心世界。

图D作品以曲折缠绕的线条表达对阳光的感受,密密麻麻好像迷宫一样充满神秘的诱惑。当李老师问孩子为什么用这样的线条来表现阳光时,这个叫夏凡的小朋友向她介绍说:"太阳在不停地旋转,太阳光非常强烈,随着太阳的转动缠绕在一起……"儿童作画最大的特点就是敢想敢画,无拘无束,他们的创作常常表现出人类最原始的冲动。在这幅作品中夏凡小朋友就运用了"面"和"线"两种绘画元素,来表现内心对太阳的感受,她突破了色彩和线描这两种绘画形式的界限,敢于用多种绘画语言进行表现,使画面产生意想不到的效果。

在孩子们刚刚开始接触这个世界时,他们对一切都感到新鲜好奇,当语言不能完全表达出他们的感受时,绘画、音乐等多种艺术形式就成了他们特有的表达方式。虽然真实的自然与孩子们思想中的艺术造型存在距离,但由于孩子的无知和纯真，反而使他们的艺术作品更具有震撼人心的魅力。

对孩子们这种想象力的肯定和培养，是艺术教育中的重要方面，是培养创造型人才必不可少的途径。所以，在史家小学的艺术课程中，教师不仅仅让孩子们停留在观察的感受和记忆的表象上，更看重在尊重孩子成长规律基础上，逐步培养他们的想象力和创造精神。

第3章
成人先于成才的素质教育

和谐教育的理念力倡培养全面和谐发展的人。从培养目标上为艺术教育的发展提供了方向，那就是"规范传授、快乐教学、综合提升，塑造和谐阳光的孩子"。

在培养全面发展的人才方面，艺术教育有其他学科不能比拟的优势。"五个和谐"的办学理念，使史家小学成为一所真正实施素质教育的学校，因此，对艺术教育学科的高度重视，成为了实现这一理念的一条重要途径。

艺术对人有美的熏陶作用。这种熏陶也是对孩子形成最基础价值观的一种促进。艺术教育感化了每个孩子稚嫩的心灵，在一次次感受美的亲身体验中，它所写下的每一个音符仿佛是一个个爱的印记，它所沉淀的每一道线条仿佛一条条爱的文身，就如同一颗颗真、善、美的水滴，默默渗透进孩子的心灵，在潜移默化中，最终使孩子走上幸福之路。

艺术教育的目的不仅仅在于陶冶情操，提高审美能力，培养人文素养，也在于对学生创造力的激发，在于从感受艺术美、自然美的境界，延伸到能够区分生活中的善恶，从而更加坚定对于美好事物的追求，更好地发挥艺术教育在培育孩子身心健康方面的深层次作用。

第1节　发挥艺术学科育人功能

史家小学的艺术教育团队始终将"人"作为教育的核心，培养人、塑造人，是艺术教育的目标。艺术教育作为人文教育学科的重要领域，是学校教育中培养学生表达情感、兴趣、希望的一种重要方式，是促进学生全面和谐发展，提高自身素质和审美修养的重要手段。因此，以人为本，以人的发展为核心，是艺术教育的根本。

美术教师李阳说过这样一件事，一次在她的课上，有一名学生不注意听课，自顾自地在报纸上画起画儿来。另一名学生看到后，也饶有兴致地加入进来。下课后，李老师把这两位同学找来，本打算严厉斥责他们，可看到孩子们闪烁不定而慌张无助的眼神，心一下子又软了下来。李老师认为，史家小学有自己的理念，犯错误是孩子的权利，关键看教师怎样引导，如果一味只图自己出气，对学生劈头盖脸地训斥，这种做法只会加深学生对教师的畏惧感，不仅没有使学生认识到错误，反而更会加剧师生之间的矛盾。

在这件事的处理上，李老师通过换位思考去理解孩子的想法和行为，她没有严厉斥责孩子，反而从他们的画中发现了其绘画优势。在夸赞绘画技巧的同时，也指出了孩子的不足，告诉他们认真听讲是学好绘画的前提。最后，她还在孩子的作品上进行了修改。两位同学对李老师真是心服口服。

事实上，只有尊重艺术教育的特殊性，恢复艺术教育的艺术性，艺术教育的育人功能才能得到真正的发挥。否则，艺术教育就会丧失艺术教育本身所具有的价值和作用。同时，在艺术教育中过分强调知识技能的传授，夸大艺术知识技能教学的作用和难度，将其作为艺术教育的全部，是无视基础教育的特点和不尊重艺术教育规律的表现，也不符合小学艺术教育的审美宗旨和学生心理发展的规律。只有把艺术知识技能建立在学生的兴趣之上，在学生参与的艺术学习活动中，将感受和体验与艺术知识技能进行结合，知识技能的学习才可以成为一件令人愉快的事情。

史家小学认为，艺术教育不是一种知识性的教育，而是一种注重艺术审美愉悦体验的教育，是一个学生在教师启发和指导下，激发出对艺术的兴趣，全身心地参与到艺术活动中，去获得艺术审美体验的教育过程。这样的过程不是通过"听讲"的形式就可以实现的。因此，让每个孩子参与其中，就是力图将艺术教育照搬其他学科的听讲式知识教学模式，转变为艺术教学特别需要的、学生全身心"参与"式的活动教学模式，让学生在良好的艺术氛围中，积极主动地、全方位地投入和参与到艺术活动中，获得极大的精神愉悦和满足，并在潜移默化中受到美的熏陶、美的教育，从而培养他们对艺术的兴趣和爱好，提高他们的艺术审美能力。

以人为本，最重要的就是以学生为中心，坚持育人为本。学校面向全体学生，实施素质教育，帮助学生树立正确的世界观、人生观、价值观，牢固树立社会主义荣辱观，培养学生的社会责任感、创新精神和实践能力。学校的一切工作，都着眼于提高学生的素质。在管乐团，有的孩子吹长号声部时发现自己对长号过敏，只好临时改吹木管。为了使这临时改变乐器的几个孩子不掉队，乐团专门为他们请了小课老师，利用中午休息时间在学校广场或音乐教室加紧练习曲目。通过一个学期的努力，终于在学期末的时候，孩子们的进度赶上了，并在期末会演中演奏了他们最华丽的乐章。从这个小例子可以看出，学校尊重每一个孩子的选择，并且在管理层面积极协调，才会促进孩子全面发展。

李娜老师曾收到过这样几条孩子家长的短信："昨晚，看到我的孩子唱了他小学阶段的最后一首歌，我流泪了。六年里，多少次尘封晚霞里，有歌声、掌声、汗水和你的身影。童年的记忆是永远的，青青会永远记住这一切，再次地感谢老师们。""不忍心放下那依依之情，不忍心割舍那离别之意，更不忍心说出那让人伤感的再见，真诚地感谢两位老师，你们用汗水和母亲的情怀为孩子托起一片湛蓝天空，不论将来他们飞得多高多远，都不会忘记送他们起航的母校合唱团。"这些家长之所以发来短信，是因为他们最清楚，每个老师为自己孩子的付出，对自己孩子的关爱，将心比心，自然对史家小学的老师念念不忘。

张跃东老师曾说，我们用科学的方法告诉孩子找到美的可能，孩子天天在校园里跑，生活到处都充满了美，就是缺乏发现美的眼睛，等到孩子走出校园，若还能有一颗寻找美的心就足够了。对于一个孩子来说，当他看到达·芬奇画的蒙娜丽莎时，如果不曾对其有所了解，可能站上一分钟就会离开。但是，如果我们老师不仅让孩子们知道这幅画的作者是谁，他画得如何美，还引导他们关注这张画经历了怎样的战乱和屠杀，背负着怎样的历史到了今天，到了孩子的眼前，这张画背后的故事就已经凸显了它的价值。所以说，这可以是一张简单的画，但是通过我们科学化、现代化的情感引导，就把自己的感受、心情与思想和画融合到了一起，孩子们就更能够理解这幅画的重要性，理解这幅画美在哪里。这种现代意识的培养，就是从这些点滴中渗透而来。

史家小学艺术教育的目标并不是"标新立异"要将孩子塑造成"小天才"。譬如说，有很多孩子曾经在管乐团学习过，他们当时可能不是什么佼佼者，但是有的孩子后来却成为中学社团乐团的首席；有的孩子也许离开小学就再没有碰过黑管，但是高考的时候就凭借在史家小学打下的那点基础，拿到了艺术类的 30 分加分；有的孩子在大学能够崭露头角，就是因为在史家的这些年接触的艺术教育以及开拓的视野。学校认为孩子的素质教育是必不可少的，孩子在小的时候受到的某些方面的教育，到了一定年龄段必然会显现出来。与那种只知道抱着书本死读书的孩子相比，史家小学的孩子了解更多类型的学习样态和体验，从而使得他们的学习生活绝不乏味，而是充满诗意又丰富多彩。史家小学的管理维持在较高水平，学生在此基础上得到了全面发展，学校自然也真正地实现了办学目标。

艺术是一种精神食粮，人们需要它，是因为艺术能给人们带来愉悦、带来快乐、带来享受。但是，在有些学校的艺术教育中，这种愉悦和快乐却荡然无存。重视知识的传授，进行严格的技能训练，使艺术教学变为类似数学课一样的理性化学习。学生在说理、灌输式的教育形式中，被动和强制性地接受着僵化、超负荷的艺术技能训练。在这种枯燥无味的艺术技能学习中，学生丧失了对艺术学习的兴趣。艺术在他们的心中，早已变成了僵死的东西。

史家小学就是要建立一个快乐的艺术课堂，改变艺术教学因未充分发挥艺术审美愉悦而致使教学过程枯燥乏味的状况，让学生从说教、灌输的被动中解放出来，将自身融入艺术活动中，在获得愉悦的体验和享受中，提升自身的艺术水平和修养。

说到底，教育的最终目的，是给孩子们一个幸福的人生。教育要传授给孩子获取幸福的手段、感受幸福的能力。当然，还有追求幸福的动力。关注孩子一生的生命质量，把孩子培养成人的教育，就是这样一种伴同孩子踏上幸福之路的教育。

张淑华老师在教一年级美术课的时候，遇到一个孩子小驿。在他刚上学一个月的时候，就碰上了艺术节比赛。小驿父母获悉后，不断地给张老师打电话，希望自己的孩子能够参加这个比赛。张老师非常困惑，因为孩子才刚入学，还不知道他有怎样的禀赋。

随着了解的深入，张老师发现小驿的父母有些拔苗助长的心态，急于看到孩子有一些艺术成就。甚至在孩子很小的时候，就请了家教，专门教习孩子美术。可这养成了孩子临摹的坏习惯，禁锢了他在这个年龄阶段特有的创造力。所以，在课上，张老师希望孩子们发挥创造力去自己表现作品的时候，小驿画不出来，就会急得直哭。

张老师为此特意给小驿的父母写了一封信，字里行间表达了希望家长能尊重孩子成长规律，给予孩子真实的爱的关注。小驿的父母看到这封信后非常感动，他们认为史家小学的老师是认真负责的，他们教孩子的不仅是画画的技法，更多的是关注孩子的内心，积极与家长一起营造孩子心灵成长的空间。

陶行知先生曾说："先生不应该专教书，他的责任是教人做人，学生不应该专读书，他的责任是学习人生之道。"如今，在成人与成才问题上，由于过分关注学生的学业成绩，很多人的观念里存在着误区。其实，成人是成才最根本的基础，不成人就谈不上成才。

"德教为先，修身为本"是古人对教育的一种观点。在史家小学的艺术课堂上，教师始终将孩子的德育放在首位。书法课教师陈庆红让学生在课上通过观看电视片《热血真卿》，了解颜真卿遭奸臣陷害、冒死去劝降叛军并严词拒绝叛军的威逼利诱、自撰遗书和祭文、最终被叛军所杀的史实，来认识和传承民族精神的精髓。对此，孩子们表达了自己的看法。100%的学生表示对颜真卿的事迹印象深刻。其中，对他大义凛然、为国捐躯的英雄壮举印象深刻的占了61%；17%的学生被他知道有去无回，还毅然赴命的不怕死的精神深深打动；12%的学生对颜真卿死前自撰祭文、遗书的镇定表示钦佩；另有10%的学生也对奸臣陷害颜真卿的行为痛恨不已。

陈老师在自己的日志中写道：

一直以来，学生总是认为书法家就是"文人、书呆子、每天除了读书写字之外，手无缚鸡之力"的人。然而，通过这段时间的学习，他们为颜真卿统帅20万大军与安禄山叛军作战的英雄气概，为颜真卿明知必死还坚毅地去劝降李希烈叛军的大无畏精神深深打动，颠覆了他们对书法家的原有概念。学生们还用一个个准确的词语来表达他们对颜真卿的新认识：杰出、爱国、伟大、忠义、忠诚、耿直、刚烈、勇敢、神圣、仗义、坚定、刚正、大气、不屈、高尚、敬佩、豪迈、震撼、正义、不怕死、有骨气、大无畏、受尊重、人品好、人品高尚、为国捐躯、刚烈忠心、德高望重、大义凛然、宁死不屈、正直忠诚、坚贞不屈、誓死不降、刚正不阿、胸怀宽广、精神境界高、文武双全、道德君子、高尚品格、忠君报国、英勇献身、视死如归，等等。别看孩子年纪小，这些评价却相当到位。从学生的文字表述中不难看出，利用专题电视片进行教学的效果是很突出的。它不仅让学生们全方位地了解了书法家颜真卿的一生和他的书法地位，更重要的是内容所具有的震撼力直达心灵深处，改变了学生对书法家的习惯认知，为他们树立起了一个伟大的爱国爱民的英雄榜样，这其中蕴含着巨大的育人功能。

在学生全面了解颜真卿的精神内涵的基础上，陈老师又为孩子们提供了大量的代表作进行赏析，了解代表作背后的故事，将学生的思维引向深入。有 25% 的学生把人品与书品联系到了一起，认为"字如其人"。

日志中陈老师还收录了学生对颜真卿这样的评价："颜真卿一直在不断进取，不断钻研，学习练就一手好字；他是发自内心地写出了自己的刚正；人生的变化和经历影响了他的字体风格；他的书法很有力量，都带有感情；他的书法里有他的一言一行；他的字融入了他的性格、经历，大方、洒脱；他的字体现出了一种自己的独特人格；他的书法表现了他的精神，一直在不断改变，有一种独特的美；以前只是认为他书法好，原来他的人品也好；人品书品都是典范……"

史家小学的教师通过这样的学习方式，使孩子们受到了生动的思想品德教育，在一定程度上促进了孩子们道德与情感的健康成长。这种美育和德育的合力，并不是简单地将二者相加，也不是相互代替，而是你中有我、我中有你的相互融合。

老年人多功能急救医用腕表

人造器官移植

史家小学科幻画比赛学生作品（见内文第 **13** ～ **14** 页）

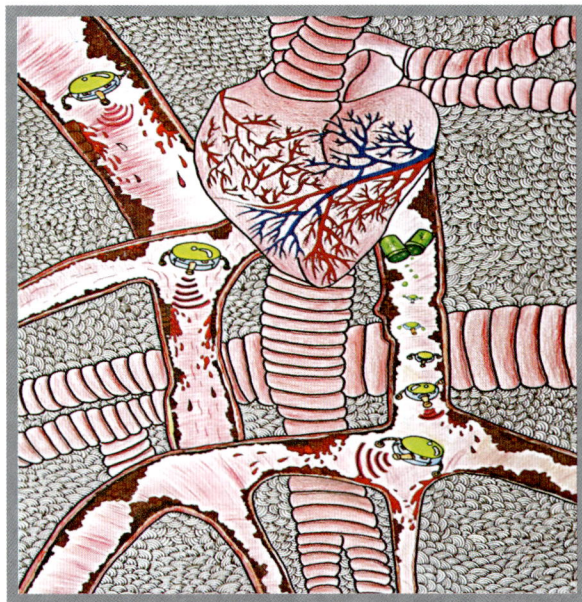

人工血管清道夫

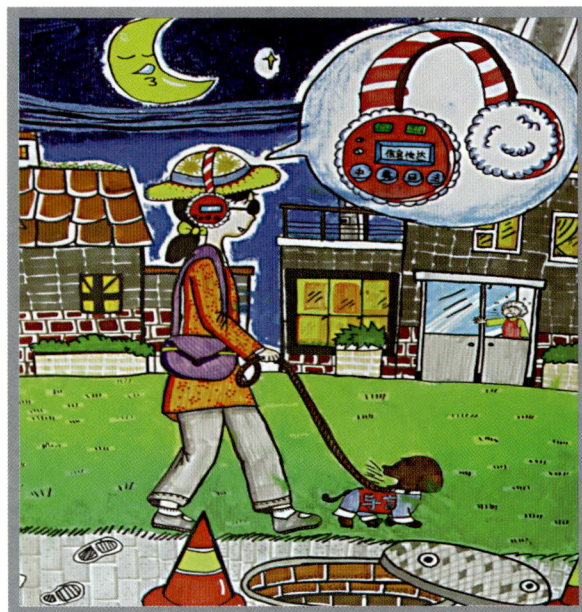

导盲信息耳机

史家小学科幻画比赛学生作品（见内文第 13 ～ 14 页）

图 A

图 B

一年级小朋友的作品《变脸的太阳》（见内文第 **35** ～ **36** 页）

图 C

图 D

一年级小朋友的作品《变脸的太阳》（见内文第 **35** ～ **36** 页）

第2节　培养孩子细节无小事

史家小学的教师们懂得，和谐产生美，和谐是一切美好事物的最大特征。就像一幅画的美丽就在于它色调、构图等各方面的和谐，一首歌曲的优美就在于它音色、音调、旋律、节奏等方面的和谐。和谐是最佳组合，和谐是事物的最佳状态，和谐是人们的追求，也是教育的追求。因为和谐能够产生动力、提高效率、产生最佳效益。

"和谐教育"就是以科学理论为指导，以社会发展需求与人的自身发展需求相和谐为宗旨，协调并整体优化各种教育因素，创设和谐的育人氛围，使受教育者在德智体美诸方面得到全面和谐发展。因而，和谐教育成为实施素质教育的一种教育模式。

实施和谐教育的意义在有利于全面提高孩子的素养，有利于孩子的身心健康，有利于提高教育教学的效率和效益。在和谐、温馨的学校环境和家庭氛围中成长起来的孩子，思想境界、行为习惯和言谈举止，应该是高层次的，有教养的；接受的教育是潜移默化的，是自然而然的，因此也会是伴随终生的。

和谐教育的方向是，用和谐的方法培养人，培养和谐发展的人，培养善于和别人和谐相处的人。和谐教育的培养目标是使学生具有优良的品德、灵活的知识、创造的能力、文雅的举止、健康的心理、健壮的体魄。和谐教育就是要促使学生的思想素质、文化素质、身体素质、心理素质都得到发展。

和谐思想是以尊重、关心、理解、信任每一个人——当然包含学生——为前提的。因此，在小学的艺术教育中渗透和谐思想，就必须认真把握教育人本论和学生主体论，以人为本，尊重学生的主体地位，发挥学生的主体作用，调动学生的主体积极性。

实质上，史家小学从一开始就强调孩子真正全面的发展。全面发展与个性发展一样，都是和谐教育的前提。所谓和谐，就是要处理好孩子的共同性与差别性、共同要求与个别对待的关系。所以，史家小学的艺术教育在这种理念的指导下，将个性、差别性甚至个别专长协调起来，强调艺术教育因材施教。同时，不放松学生主体学科教育，塑造和谐阳光的孩子。具体到教育思路上主要有以下几个方面。

1. 德才兼备

这是古今中外教育对人的发展的共同要求。如我国古代所要培养的"圣人"，便是德才兼备的理想人物。德与才是相互制约、相互促进的，只有二者兼备，才能使孩子得到真正的良好发展。史家小学一直坚信，艺术的长期熏陶对于孩子成长而言，不仅是一种技能的培养，更重要的是一种性格的引导、兴趣的专注、气质的凸显，是使孩子能够自小懂得欣赏美、关注美、追求美的开始。史家小学将艺术教育作为素质教育不可或缺的重要组成部分，是因为对孩子来说，艺术是提升素质最为潜移默化的方式。教育前期的艺术氛围营造、艺术情操的陶冶，使得德才兼备有了可行的渠道。

2. 情知交融

只有知，没有情，会使人成为不懂任何人情世故的冷血动物；只有情，没有知，又会使人成为纵情任性的狂热之徒。因此，在教育中必须处理好情知关系，使认识指导情感，情感激励认识。这样，方能使人获得和谐发展。史家小学一直注重孩子智商与情商的同步发展，彼此渗透，相互交融。艺术教育正是史家小学开展这种理想教育的一个突破口。一些学校会过度关注孩子的学习成绩，认为在应试教育中有个好成绩就是大功告成，不去考虑孩子的思想状况、心理状态和社会能力。这样教导出来的孩子，只能算是学习成绩过关。成才的前提是成人。在艺术教育过程中，技能的锻炼和情感的培养，会同时提升他们的智商和情商，使其知行合一，在面对问题时，能够积极从容应对。

3. 手脑结合

未来真正全面发展的人，一定是消弭了体力劳动与脑力劳动界限的人。这一和谐思想，早在 20 世纪 40 年代，我国现代著名教育家陶行知就曾大力倡导过。在艺术教育的范畴中，应是始终强调协调为先的。任何艺术形式都是手脑结合表现方法的结果。不论是舞蹈、音乐、戏剧、书法、绘画、劳技，统统离不开有步骤、有计划的思考和灵敏而高效的行动，受过良好艺术教育的孩子，之所以具备一些其他孩子没有的素质和能力，从深层次看，艺术的教育功不可没。

4. 心身和谐

每一个人都是一个独立而完整的系统，同时又是由两个子系统构成的，即生理（身体）系统和心理系统。史家小学原校长卓立先生就曾说过，要想做到真正的和谐教育，就必须关注每一个孩子的"心身和谐"。小学的艺术教育，使孩子在成长过程中的细微变化都得以放大。这也使得教师能够更清晰地引导孩子。举个例子来说，孩子们在进行书法学习时，研墨就是一个静心的开始。静心后则将情绪的表达和个性的展现附在手腕等身体的每个相关部位，去找寻带有美学底蕴的每个字的间架结构。在这里，孩子不仅学习了书法技巧，更了解了一种与自我沟通的方式。

人与人，人与知识，人与自身，人与社会以及人与自然全面和谐的发展，是艺术教育追求的最终目标。在教师艺术教育的施教过程中，这五个方面的和谐，同时也是教育的手段。

当把和谐教育内化为一种理念来实施的时候，教师就会在自己工作的时时刻刻、事事处处为孩子着想，为孩子的未来着想，也就自觉把史家小学的办学指导思想"一切为了孩子，一切为了明天"融入心间。由此，他们充分发挥自己的主观能动性，创造性地、科学地进行工作。同时，规范自己作为教师的行为，使教育教学工作力求达到一个崭新的状态。他们也懂得，校长不可能在每个教育活动、每节课告诉自己应该怎么做，只有每个教师个体都能创造性地实施和谐教育理念，才能形成和谐教育的办学特色。

这样，学校的教师在处理人际关系时，在进行教学时，在开展教育活动时，无不把和谐教育的思想贯穿其中。他们把干群之间的互相尊重作为自觉遵守的信条，把教师之间的团结协作作为评价标准，把师生关系的融洽作为衡量师德优劣的一把标尺，把教学过程的符合孩子认知规律、孩子的思维活跃、课堂氛围轻松愉快作为评价课堂教学成功与否的重要标志。在教师都自觉把和谐教育思想作为一种理念来指导自己的工作之后，学校各方面工作就提高了一个层次。

学校的教师将和谐教育思想内化为自身的追求，慢慢形成了自己的和谐思路。他们明白，所谓和谐并不是指称完美或稳定的状态，在相对的时间段当中，也会产生不和谐，那就要解决这种不和谐，形成新和谐。

这些熟稔地掌握了和谐教育真谛的教师，用和谐教育思想致力于精心塑造孩子的心灵，努力创造条件让学生在和谐的人际关系中接受教育，健康成长，全心全意培养学生的实践能力，用心挖掘他们的潜力，为社会培养与自然、与社会、与自身发展相和谐的出色人才。

和谐教育，对学生来说，不仅是德智体美全面发展的和谐，也是每个孩子情感、意志、性格形成过程的和谐；对学校来说，不仅是某一时期的和谐，也是学校教育各阶段、全过程的和谐；对教育教学来说，不仅是教与学的和谐，也是学校教育、家庭教育与社会教育的和谐。而教师，是和谐教育思想贯彻和落实最直接和最关键的执行者，他们所有努力的目标只有一个，那就是言传身教，让学生全面发展。

这言传身教就体现在生活的点滴细节之中。让孩子们学会从小事做起，从自己做起，培养起他们这样的意识，就是让他们掌握了一把长大成人的钥匙。

学校舞蹈团自 2008 年 1 月评上金帆团后，比赛任务、演出任务较之以前更为繁重，训练任务也随之增加。这样，就给孩子们造成压力，因为孩子本身的学习任务就非常重。每周六上课的时候，很多舞蹈团的孩子像赶场一样。舞蹈团中午12点下课，孩子们下课后，就赶紧在车里吃完午饭。下午他们就会被送到另外一个地方去学习英语、语文等课程，一直到晚上七八点钟还不能歇息。这凸显了现在孩子学习的巨大压力——各种教育模式在互相抢时间、抢孩子的状态。

面对这样的实际，舞蹈团订立了自己的内部纪律。比方说，孩子学习舞蹈，如果自己不努力的话，任何人都不会给予帮助，以此让孩子渐渐养成自我管理的能力。比方说，舞蹈团要在短时间内完成相应的任务，就必须要有效率地利用好有限的时间，如果有孩子在一个环节上老是卡壳，因为自己能力的问题学不会，就必须要挤出时间来主动练习，从而为促进孩子积极主动去学习形成了相应动力。虽然这些纪律好像挺没有人情味、挺苛刻，实际上，这是教师用刺激的方式，侧面敦促孩子从小学会自己管理自己，自己约束自己。

美术老师们都遇到过一个头疼的问题——学生忘带绘画工具。这不仅影响教学进度，还扰乱课堂教学秩序。课堂上时常会出现一些令人啼笑皆非的场面：孩子们开始创作时，个别学生着急地举手甚至脱口而出说自己没带绘画工具。或者，那些忘带或没带齐绘画工具的学生，顺手拿其他学生的画具画画，引发小矛盾。然而，这种情况在李阳老师班上却没有发生过。

原来，李阳老师遵循史家小学在培养学生习惯过程中推崇的"代币制"，通过鼓励的方法让学生们自愿地带来绘画工具。李老师随时携带了很多"笑脸贴画"，并且自制了一个特大的笑脸牌。李老师告诉孩子们："假如你也想拥有'小笑脸'的话，就请以后上美术课的时候，把自己的绘画工具带齐。因为只有带齐绘画工具的同学，才有资格得到老师发的小笑脸。期末的时候，老师会根据你所得'笑脸'多少，来决定奖励你的奖品。"

学生们刚开始没太在意，但是当看见李老师在每一节课的最后几分钟，给带齐绘画工具的学生发贴画时，其他人心里痒痒极了。慢慢的，带齐工具上课的学生逐渐增多。这样，李老师的课上就再也没出现不带绘画工具的孩子。

当然，任何艺术项目的学习过程，必须经历反复、枯燥的基础训练，才能使学生达到熟练掌握，才能够正确表达。

管乐学习就是一个鲜活的例子。管乐团的学生在最初接受训练时，甚至没有摸过这样的乐器。从乐器的正确组装、养护、口型、气息、演奏姿势等方面，老师都要一一逐项讲解、演示。学生从最初对着镜子练口型，到练习吹号嘴，再到吹响乐器，是一个循序渐进的过程。之后就是进入一个漫长而且枯燥的基础训练阶段。有的孩子坚持着，有的孩子退缩了。为了让每一个孩子都不掉队，乐团的老师想尽一切办法调动孩子的积极性。

乐团的八位负责老师，每个人都有自己的博客和飞信群，每周在博客上与家长交流学生的学习情况。乐团的"联系册"是乐团专业老师为乐团学生和家长建立的沟通桥梁，监督学生在家练习乐器的情况。从细节入手，帮助学生渡过学习初期的难关，带领自己的乐团走向成熟、完善。就像主管校长范汝梅说的，带每个乐团都要像带自己的孩子一样，从习惯养成开始，培养他们自理能力、自控能力，逐渐培养他们的合作能力，最终达到艺术的表现能力和创造能力。

重视细节，从细节培养孩子的责任心，对这里的每个老师来说，都是责无旁贷的。现在的孩子普遍存在协调性、专注性、做事速度、吃苦精神、合作意识等一些必备素质都有所下降的现象，史家小学的艺术教育就是要从小处做起，处处起到引领和示范作用。

因为史家小学的重视细节，这里的孩子们都非常懂礼貌、讲规矩。譬如，孩子们去参加演出或观看演出后，老师会要求孩子们清理自己产生的垃圾。演出结束后，用完的卸妆纸巾要扔到垃圾桶内，不要放在洗手台上；洗脸的时候，水不要溅到镜子上面。这些虽然都是生活中的点滴小事，但从孩子在成长中养成良好的生活习惯角度来看，却都是不可忽视的大问题。

第3节　关注学生一生的发展

艺术教育在于"育人"，而非"制器"。做人、情感、人性、人格的教育亦即人文艺术教育，应占有优先地位。特别是对未成年人而言，人文教育绝不是抽象的、说教的，而是具体的、有血有肉的。

史家小学的书法教室和书法走廊是接待国内外来访者参观的重点区域，这里的一切陈设都成了重点保护对象，需要格外小心地维护。孩子活泼好动，这给教师的管理造成了一定的难度。于是，老师们特意编写了儿歌对学生加强教育：

> 进出教室需安静，追跑打闹会受伤。
>
> 拿放椅子动作轻，生拉硬拽行不当。
>
> 学习用具要干净，大家爱护记心上。
>
> 小心使用互提醒，故意涂抹不应当。
>
> 墙砖地面擦拭明，蹭墨弃物环境脏。
>
> 特色水池样式新，瓷器磕碰易损伤。
>
> 名人字画装饰镜，来之不易远观赏。
>
> 教师用品摆放定，请勿动手没商量。
>
> 用具弄脏勤收拾，损坏物品要赔偿。
>
> 教室规则要记清，做到要求鼓鼓掌。

孩子们唱起这样的儿歌，自觉按照儿歌要求约束自己行为，慢慢大家都养成了良好的习惯，不仅对教室规则熟记于心，而且还纷纷主动维护课堂秩序，保护教室环境。现在的书法教室和书法走廊，什么时候来都是一尘不染，艺术氛围浓厚，这离不开孩子们的积极配合与努力维护。

"播种一种思想，收获一种行为；播种一种行为，收获一种习惯；播种一种习惯，收获一种性格；播种一种性格，收获一种命运。"对艺术教育来讲，通过艺术的力量的陶冶，教孩子做人成功，才是真正意义上教育的成功。

构建和谐教育理念的史家小学，根本任务就是要培养善于创新、善于包容，会思考、会动手、有爱心的新一代接班人。学校的一切教育活动都以"学生为本"，一切为了学生，为了学生的一切。教学生学会生命的意义，学会生活的知识，学会生存的技能，而不是培养既无生存能力、更无创新精神的当代"新贵"。

"教育的作用，是使人天天改造，天天进步，天天往好的路上走"，"教育就是教人做人，教人做好人，做好国民的意思"。陶行知先生认为，"教人做人"，"做好国民"应该而且必须是学校的根本任务。今天，学校的所有教学目标、教学行为和教学环境，无疑都是为了孩子。而推行艺术教育的本质亦在于此，希望通过艺术的力量陶冶孩子情操，从内心做一个真正的"人"。

学校有个刚刚毕业的小男孩名叫薛涛，在他三年级的时候，给学校合唱团李娜老师留下的最初印象是：不爱说话，不爱与人交流，但是唱功和嗓音都非常独特。李娜老师想，不光要他歌唱得好，还要改变他不爱说话的孤僻性格。于是，就安排他当起了"小老师"。慢慢地，这个"小老师"就非常有成就感了，除了自己唱得好以外，还有板有眼、尽职尽责地辅导一些小同学们。特别是在一次专场音乐会上，这个"小老师"和他的小徒弟们都看见了自己的进步。从此，薛涛也开始从内心里变得愿意与其他人交流、乐于帮助其他同学了。

苏霍姆林斯基说过:"如果作为道德素养的最重要的真理在少年时期没有成为习惯,那么,所造成的损失是永远无法弥补的。"在小学阶段,把行为习惯的养成教育落到实处,在艺术教育中扎扎实实地抓好孩子的养成教育尤为重要。

中国在进入独生子女时代以后,家长对孩子的溺爱,无形中塑造一批在温室里长大的未来公民。这些孩子感受到的仅仅是背上书包的重量和学习的压力,面对生活,却缺乏起码的生存与自立能力,缺乏与自然、社会和谐相处的能力。

在金帆舞蹈团里,教师就发现孩子们的自我管理能力特别差:衣服穿不好,丢了都不知道是自己的。不仅仅自己的衣服弄得乱七八糟,物品摆放也非常混乱。例如,鞋和糖放在一起,饮料一碰就倒,弄在衣服上,等等,不一而足。

怎样培养孩子自我约束的能力,教给他们生活的技能和成熟的思考方式呢?教师多次尝试,说一句不管用,反复叮嘱也不管用,孩子们还是遗忘东西,丢三落四。舞蹈鞋、外衣、练功服、头花、卡子、皮筋等,经常丢。后来,教师专门设计了一个"丢三落四"表,谁再丢东西,谁就有可能榜上有名。孩子们都觉得上榜挺不光彩的,慢慢地,他们丢三落四的现象就减少了,生活能力得到了提高。

管乐团是由九个不同的声部组成的,所有参与乐团的学生都需要掌握一种乐器,参与到乐队的排练过程中。每一个声部都不能出现问题,否则乐团整体演奏的乐曲就会发生问题,从而达不到演奏的效果。

圆号是乐团中相对比较难掌握的一种乐器,但是它的音色又是乐队中不可或缺的一个重要的声部。幺韵莹老师所带的乐团圆号声部因为练习少而出现演奏问题。为了整个乐曲的平衡,幺老师和孩子们签订了联盟协议,每天晚上分别在不同的时段,给幺老师家的固定电话联通,学生在电话的一头练习，幺老师在电话的另一头监听，最后提出要求和建议。一个学期后，圆号声部的演奏质量明显提升，学生的凝聚力也发生了显著的变化。

第4节　教师言传身教给学生以感染

史家小学的艺术教师团队和谐而可敬。说他们可敬，是因为每一项荣誉背后，都有他们不计名利的付出。每个双休日，都可以看到教师们在学校里忙碌的身影。

史家小学在提出和谐教育的口号之初，有很多教师不认同，觉得在学校只需把孩子的学习抓好，顺利地完成小升初就大功告成了，没必要去花费太多的精力，做些与学生学业成绩无关的事情。所以，一些艺术专业的教师，凭借自己艺术方面的一技之长，在校外兼职其他工作。甚至，有些教师忍受不了清贫的待遇和辛苦的工作，索性换一个清闲一点的、在自己家门口附近的单位去工作。

然而，随着和谐教育理念的深入人心，和那些坚守岗位的教师默默付出所换来的成就增多，这些教师的思想有了一个较大的转变。他们认识到，真正的身心和谐对于个人来说，不仅仅是金钱带来的刺激，更多的是个人的奋斗与提升。兼职赚的钱再多，不见得让人获得事业的成就感；换个清闲的工作，也许会令人丧失奋斗的激情。以前这些教师总以为是在按照领导的要求工作，实质上，是在认识上没有明确史家小学实施和谐教育的目的和意义。经历过一番现实的体验，他们追悔莫及。史家小学是一个能够让人追寻教育理想的地方。当教师为理念而奋斗时，获得的不仅是学生成绩的荣耀，还有精神世界的充实。

另外一个问题是，艺术教师因为艺术专业特点，往往特别有个性，难以被众人接纳，但在史家小学就不存在这样的问题。在和谐教育思想的浸润下，学校里教师与教师之间的关系和睦。因为，谁都知道每个人都有长处和短处，从而清楚自己的定位，在自己的岗位上做应该做的事。所以，即使某位教师身上有短板或不足，大家也能够给予尊重、互相包容。

由此，全校教师形成了一个非常团结的集体。遇上比赛或活动，大家齐心协力一起干。比如，北京市东城区一直在打造"蓝天工程"，旨在实现打破"校际围墙"，实现资源共享，互相学习。美术组组长教张跃东老师从"蓝天工程"启动时，就开始打造"蓝博课"。而现在，课程建设从开始时的一个人，发展到现在美术组所有的九位教师都参与其中，他们个个以此为已任，乐于和同行分享每一个教育经验，分析每一次教育得失，为同行提供更多的共享资源。

那么，这样的教师团队，面对的是一群怎样的学生呢？他们从这样一个日常的现象寻找切入点——每当学校宣布放假的时候，学生都在雀跃欢呼。由此，他们想到自己的教学其实存在很多问题，那就是忽视了学生的需要，忽视了教育孩子是爱的教育，忽视了孩子成长中人格的塑造，忽视了孩子的个性发展，因此孩子根本不喜欢课堂，不喜欢学校，所以才为放假欢呼。这样的话，教师何谈教育呢？

真正的艺术教育是建立在尊重的基础上的，尊重教师也要尊重学生。有的孩子可能就是绘画能力差，有的孩子就是唱歌跑调没有音准，但艺术教育并不是要求孩子必须达到某种水平。教师所要做的，仅仅是给孩子提供选择的可能，并且试图通过对孩子的爱，培养孩子的艺术兴趣，这就要求教师首先要做到不能破坏孩子欣赏的权利、学习的权利；至于孩子真正的天赋，是需要教师慢慢去发掘的。

在给予孩子选择的可能、培养孩子艺术兴趣和发掘孩子艺术天赋过程中，教师要学会拥有爱的智慧，用爱去开启孩子心中的艺术之门，因为爱是善的，艺术是美的，孩子是真的，真善美历来结伴而行。

基于此，史家小学的和谐理念建立以后，教师很快发现了"最好的管理莫过于示范，最好的教育莫过于感染"的真谛。从教师们的感悟中可以看出，他们把对学生的爱，用智慧如春风化雨般地播撒到学生的心田中。就如合唱团的钢琴伴奏教师杨明，用飞信在学校与学生及其家长之间，架起了相互沟通的桥梁。短短的信息燃起了家长精心教育自己孩子的信心；一张张"报喜单"擦亮了学生希望的眼神，抚平了家长的担忧和顾虑；一句句叩动心扉的话语，一个个令人折服的故事，使得和谐的理念转化为爱的动力。

偶尔心血来潮的关爱，或许能给学生一时的抚慰、鼓舞与片刻的感动，它们将随这关爱的消失而烟消云散。要想使爱化成一种温柔而强烈的力量，就要绵绵不断地流淌、渗透，是一种"润物细无声"的清泉般的感化，而不是暴风骤雨般的强化。学生得到偶尔一两次的关切，更在期待长久的关注，昙花一现般的温暖如一粒萤火划过，美丽的一瞬却没有永恒的力量。育人过程中最忌教师"心雨即雨，心晴即晴"。

小仇同学是张佳老师非常喜爱的学生之一，张佳老师从一年级开始教她美术一直到三年级，了解并爱护这名学生。小仇天真善良喜欢动物植物，从一年级起就表现出对绘画的热情和独特的个性。直到2008年小仇升入四年级，张佳老师不教她了，小仇当时已经成为学校管乐团的成员，不能分身参加张佳老师的科幻画兴趣班。后来，小仇同学几次找到张老师表示愿意学画科幻画，甚至请她的妈妈来请求老师。张老师怎么能够拒绝一个这样爱画画的孩子呢？后来，张老师就利用每天中午的时间给小仇单独上课，在兴趣班上定的要求和计划，她一点都没松懈。张老师从科幻画的特点到创意构思到表现，从始至终带着小仇进行创作。当小仇精心地画完她的第一张科幻画作品并得了一等奖时，她高兴极了，以后的两年直到六年级毕业，小仇都一直跟随科幻画兴趣班，从第一张的懵懵懂懂，到六年级时完全独立的构思选材表现，小仇真是从中获得了创作的快乐和技法的提高，现在小仇已经是工美附中一名专业绘画的学生了，在科幻画班上这几年的磨炼一定让她不会畏惧创作。

史家小学的教师在和谐理念的熏染下，懂得用温情脉脉的教诲、为人师表的言行，来牵动每个孩子天真的心灵，影响他们的行为，指导他们的成长，使他们对艺术的热爱与日俱增，并在美丽、舒畅、快乐的情感空间里健康成长。

第2篇
多元育人：史家小学的艺术教育实践

史家小学的艺术教育实践具有鲜明的特色：创建多元的育人环境，以民主和谐的氛围育人，打造多元的校园文化；以开放的人文环境育人，创建开放的教学模式；以开放的课堂教学育人，开展丰富多彩的课外活动，以及以亲身体验育人，这些途径不仅是深化教学改革、探索教学规律、促进教学发展的重要手段，也是发展学生特长、提高教师素质，促进师生快乐成长的重要途径。

引 子

在和谐教育理念的指导下，近些年史家小学不断制定相应的教学规程与制度，推进艺术学科教学的规范化。同时，加强精品学科建设，提升学科整体质量。学校更加重视开展艺术教育的各种课外活动，形成艺术课堂与课外的联动。并且，不断加强对艺术教育课程的校本构建，发展重点学科，多方面提高学科教学质量，在充分发挥孩子们的主动性和积极性基础上，培养他们的艺术兴趣和创新能力。为了达到规范和贴近专业的要求，学校也经常请来相关领域的专家学者、名家大家，参与到艺术教育教学的过程中来，尽最大可能给学生树立起高标准的专业标杆，使其获得高端的专业指导。

史家小学对外在因素和内在因素一起抓，确立了环境育人、课程育人、活动育人以及管理育人的方针。环境对人的行为有强烈的暗示性，可引导行为的内涵和方向。学校文化是一所学校的灵魂。史家小学良好的文化环境对学生智能的开发和个性的发展起着重大作用。它能更好地调动和发挥师生的主体性，并为发挥和形成不同师生的特色与优势、个性与特长提供了一个自主的空间。

环境育人即打造绿色校园和精神家园，让校园成为赏心悦目的花园，让走廊成为心旷神怡的彩带，让艺术课堂成为彰显个性的天地。

课程育人即打造优质课程和有效课堂，提升办学品位，形成以学科拓展课程、创新体验课程、人文素养课程和健康教育课程为主体的和谐课程体系，为学生注入成长的基因，培养孩子掌握未来的能力和选择未来的力量。

活动育人即开展形式多样的艺术教育活动，建立各种艺术学科小组，满足学生兴趣，使学生人尽其才。教务处统一管理，使活动有目的、有步骤地进行，坚持因材施教，使不同程度的学生都能有所提高。

管理育人即建立三级网络管理机制，确保艺术教育顺利开展，加快师资的培训，提高教师专业水平，积极开发适合史家小学孩子的校本教材，课程设置灵活多变，以活动为载体，调动学生积极性。史家小学的艺术教师在对学生的日常管理中也注重育人。

第 4 章
环境育人

　　"孟母三迁"的故事反映了环境对于孩子的重要性：好的环境对人的成长确实有着不可低估的陶冶作用。发展到今天，尽管出现了更多的教育理论，但环境育人这个亘古不变的真理则一直存在于我们的教育理论当中，只不过是看谁能更重视、更好地去实施和运用这个理论。

　　史家小学在环境育人、文化育人上下足了工夫。大到学校的建筑规划要布局合理，建筑风格大气庄重，校园景致别具一格，校园文化突出特色；小到教室和活动室干净整齐，教学设施整齐有序，服务设施功能完善，教学秩序紧张活泼，师生仪表文明大方。进入学校，所到之处，干净整洁、秩序井然，师生情绪高昂，给人以勤奋、团结、向上之感，这些都对学生潜移默化地进行美的熏陶。

　　史家小学注重营造浓郁的艺术氛围来熏染学生。在硬件设施方面，学校的楼道、教室等的装饰都富于艺术气息。2012 年，学校的艺术廊在原来的基础上进行重新设计，美术厅、墨艺轩的改造变得更加具有艺术特色。学生经过艺术廊，不经意间已经受到艺术的感染和启迪，这正是学校艺术教育的用意所在。

史家小学的艺术活动为学生提供了参与、展示、表现的机会，同时也营造了鲜活的艺术氛围。相比于硬件设施营造的氛围，艺术活动营造的氛围更加充满生机。

.

第1节　美丽家园

苏霍姆林斯基说："无论是种植花草树木，还是悬挂图片标语，或是办墙报，我们都将从审美的角度深入规划，以便挖掘出潜移默化的育人功能。"校园优良环境的创建是要和校园文化建设紧密结合的。一个好的学校肯定有她独有的精神和特点。史家小学的环境建设要靠和谐教育理念做支撑。因为和谐的教育理念，往往能起到"随风潜入夜，润物细无声"的作用。

学者张文质曾说："教育者必须具备一种对美的精细的感觉。"学校无疑已经将这种"精细的感觉"发挥到了极致。从优美的校园环境的熏陶浸润，到唯美的课堂教学的渗透强化，再到绚美的艺体教育的点睛升华，学校将美育的触角延伸到了校园的角角落落，促进了师生艺术素质和道德品质的提升，使孩子们更好地认识社会、探索人生、展示才华、丰富心灵。这样增强了他们欣赏美、体验美，最终创造美的能力，使他们受益终生。

学校在改建时，为保护一棵古枣树，不惜牺牲了几百米的操场看台。虽然这样做，操场的整体效果不够理想，容纳观众的人数也减少了不少，但学校认为这样保留了一段历史，培育了一种理念——当孩子们看到宏伟的操场与饱经沧桑的古树浑然一体，听到老师们讲为什么要在看台的中间给古树爷爷留一个位子时，就会在他们心中涌起一种对学校过往岁月厚重的历史感；同时，在他们心中，也播下了一颗爱护树木、保护生态环境的种子。

2005 年，史家小学重建校舍，在扩建和整建时，学校尽量使楼房的外形、颜色、装饰，做到协调美观、生动活泼而具有校本特色。在扩建的过程中，既体现建筑布局的整体性，又保证各学科教学的实用性，蕴含着浓厚的以人为本的理念。2005 年 5 月，史家小学搬进了由区政府投资、按照"绿色校园、科技校园、艺术校园、和谐校园"理念建设的占地 2 万平方米、建筑面积 3.2 万平方米的现代化新校舍。

新学校从采光、音效的设计到建筑材质的选择，从校园的绿化、美化到节能设备的使用，以及"中水""直饮水"的利用等都体现了环保观念。建一所与四周环境协调、优美，适宜学生学习，对学生有教育意义的学校，是史家小学执著坚守的理念。这一理念，经过东城区园林局专家的一流设计，工人的精心施工和用心养护得以实现。现在学校的绿化面积已达到占地面积的 34%，四季常绿，三季有花，错落有致，立体呈现绿化的效果。学校绿化与水景设计浑然一体，一草一木都有美的教育意义。

在这样的环境里学习生活，青少年能够感受到慈爱淳朴的校园文化底蕴。校园建筑的高低有别、错落有致、协调典雅，所有这些都体现出教育的整体观。校园建筑的艺术性，富有深刻的教育意义。

学校还将校史和优美的环境作为难得的教育资源。每当新教师入校，学校都要对他们进行校史教育，让他们了解学校的过去，珍惜现在，并鼓励他们用勤劳的双手创造美好的未来。久而久之，这已经成为一种习惯，成为新教师走进学校、走近学生的第一堂课。

对于学生来说，每一届新生入校，第一节课就是参观校园，感受美好。红花、绿草、大树、奇特的花草造型相互掩映，错落有致，仿佛在提醒着他们：爱护花草，香满校园。美丽的校园环境陶冶了学生的情操，使学生在发现美、欣赏美、感受美中学会创造美。

为使学生能更好地理解科学课中有关植物的知识，上好美术的写生课，学校提出了要把校园建成小植物园的绿化要求。园林局的设计人员因地制宜、集思广益，很好地满足了学校的要求，在校园不算大的面积中，一共种植了乔木、灌木以及草本植物共 50 多种，并在每一种植物上挂牌，介绍它们的名称、种类，为学生们认识植物，观察它们的根、茎叶、花、果实、种子以及生长情况提供了良好的实验基地。

现在北京的水资源十分匮乏，而要让树木长得茂盛，花儿开得鲜艳就需要充足的水分。为此，在建校时设计了中水系统，把淘米洗菜水、洗澡水等优质杂排水收集起来，经过处理再用来冲厕和浇花。校园里的绿地还被设计成下凹式，以便在下雨时，最大限度地截留雨水。在日常养护中，园丁们懂得，浇花虽然用的是中水，也要注意节约，一定要拒绝漫灌。

花有情，人有义，学校师生在学习、生活感到十分惬意的同时，也更加注重对环境的爱护。在少先队组织的倡议下，不少同学和班级纷纷开展认养绿地和树木的活动，他们利用课余时间为绿地和树木浇水、剪枝、除虫，正是在他们的精心呵护下，草更绿了，花更艳了。

学校对校园环境与氛围的构建的重视，来源于对艺术教育的坚守。美的欣赏是无处不在的，这一理念也贯穿于整个的校园设计中。美术教师张跃东就曾亲历史家小学新校园的建造。从校园中雕像的草稿修改到摆放安置，张老师都曾一一把关。学校充分重视每一位教师和学生的意见，最终在这片沃土上形象化地展示了师生的个性风采，使整个花园式的校园充溢着和谐的韵味。在你想驻足细看又目不暇接的时候，稍挪脚步，映入眼帘的人文景观，令你遐思，让你想象。这些人文景观体现了丰富的人文内涵，深化了校园文化底蕴，浓化了校园文明气氛，让师生受到潜移默化的教益。

校园的绿化与美化也是一本活的教科书，而对校园绿化与美化的过程，就是对学生进行德、智、体、美、劳教育的过程。学校绿化工作是一项重要工程，绿象征着生机和希望，使人耳目清新，焕发激情。

学校根据自己的地面状况，在适度硬化的基础上，搞好绿化工程。草坪宁静优雅，廊亭绿叶绕挂。可漫步在花园，感受诗情画意，可激发孩子学习的动力。既能够给人以美的熏陶，又有健身益智之功。闲暇时，捧书阅读或交流探讨，怎能不使孩子们感受校园生活的美好？

确实，创造良好的育人环境，营造优美、和谐的校园环境和班级环境，对于激发学生的学习热情、净化学生的心灵、陶冶学生的情操、启迪学生的智慧、规范学生的行为，对学校形成健康向上的校风起着至关重要的作用。

和谐的氛围，涤荡了人们心中的浮躁。文明的举止，成为师生自觉的要求。和谐神韵，让史家小学的师生享受着自然的恩赐，大美的熏陶，在心向纯净而富含深蕴的美丽象牙塔中，教坛耕耘，书海泛舟，共树国家栋梁之材。

第2节　艺术校园

对于校园艺术教育的社会效应，中国先贤已有深刻的认识。孔子非常重视礼乐教化并积极躬行。他把"乐"与"礼、书、数、射、御"并列为"六艺"，作为主要课程亲自教导。他教育弟子在日常生活中以"乐"来交流思想，在"乐"教中重视对人的审美情感的培养。

艺术的本质是真、善、美，艺术的类型包含了静态与动态，有视觉艺术、听觉艺术，更有综合艺术的复杂化呈现。艺术不仅是单纯的学科，更是丰富孩子生活、充实孩子内心的活水泉源。校园环境需要艺术化，孩子的心灵也需要艺术充实、共鸣与感动。因此，史家小学在重视校园美化绿化、充实软硬件设施的基础上，提升艺术教育的教学品质、提供艺术展演空间，促进艺术活动交流，营造学校优质艺术教育氛围，进而达成和谐育人的教育理念。

实际上，校园艺术教育以潜移默化的方式，对孩子的精神世界产生深刻而久远的影响。关于这一点，学贯中西的我国近代美育思想家梁启超先生，从心理学角度，分析了艺术影响孩子的心理的"四种力"。一是"熏"，"熏也者，如入云烟而为其所烘，如近墨朱处而为其所染。"二是"浸"，"浸也者，入而与之俱化者也。"三是"刺"，"刺也者，刺激之义也。"四是"提"，"提之力，自内而脱之便出，实佛法之最上乘也。"其中的"熏"，是从空间上说明艺术的熏陶作用；而"浸"，是从时间上说明艺术的感染作用；前者重外力，后者重内化。

史家小学秉持着"熏""浸""刺""提"的艺术教育风骨，让孩子们置身于美的事物中，令其心中充满愉悦，精神得以升华，从追求和谐的校园教育，达至和谐的心灵的成长。

校园教学活动的场所和设备，能够体现出学校所独有的办学特色。青少年处于人生塑造的重要阶段，他们思想丰富、理想高远、对人生和社会充满激情、容易受环境感染。人文化、科学化的教育活动场所，能够给予他们健康的人生向导，挖掘他们成长的潜能，更是"以人为本"教育理念的实践需要。

史家校园中有校史展区、美术厅、书法廊、工艺廊、科技馆、音乐廊、体育廊、小植物园、小景区以及和谐的校园夜间灯光系统等。学校从新校舍重建之始就特别注重艺术教育的活动场所，在建设过程中重视每一个细节。比如美术组的天光教室，为了让孩子在美术教育中得到直接、真实的感觉，所有的光线均要求自然光，为此特别建设的天光教室，其硬件设施在全国来说也不多见。舞蹈团、合唱团、书法组、戏剧团……各个团体都有自己的专用教室，更别说游泳场馆、展示场馆等其他基础设施了。

学生是凭听觉和视觉接受教育信息，周围所有人、事、物、语言都能成为信息源。一个赏心悦目、和谐奋进的艺术环境，起到了调节师生紧张脑力劳动的心态和情绪、提高脑力活动的效果、使人受到美的熏陶产生奋进力量的作用。

史家书院是学校为学生们打造的一个融读书、写字、文化交流为一体的，用现代建筑手法加以表现的极具传统文化底蕴的基地。

书院里，一条弯曲的小溪自西向东随着汉字五千年的发展史静静流淌，它的周围还陈设着许多红山文化的玉器、商周时期的青铜器和汉代木简等器物的仿制品，这里被称为"曲水流觞文化区"，有着"曲水临流、法书望远"之意境。

阅读区"九宫桌"桌面的设计灵感来自中国古代流传下来的，被称为"河洛文化的滥觞、阴阳五行术数之源"的两幅神秘图案——河图与洛书。其上的文字和点数浓缩了重要节气、阴阳五行等传统文化内容，由书法班的17名学生书写创作，再配以有着数千年历史的山西传统漆工艺制作而成，凸显了"河洛文化河东漆，华夏文明书院聚"的文化底蕴。

除此之外，书院里陈列的名帖隔窗名碑墙、定期更换的介绍汉字背后故事的古文字墙、用各种动物的象形字装点的树隙灯、展示优秀学生书法学习历程的成长墙、兰亭八柱欣赏区、师生书法作品展示墙、书法笔会交流区、师生图书出版成果收藏墙、学生图书漂流阁、由语文老师张聪原创的《史家书院铭》、鹅池里的水下电视、电子阅览手翻书等等软硬件建设，都紧紧围绕着"汉字文化"这一具象点，把传统文化的精髓当作一颗种子，植根于每一个走进书院的孩子幼小的心灵之中。

正像德国哲学家雅斯贝尔斯所说的"教育意味着一棵树摇动另一棵树，一朵云推动另一朵云，一个灵魂唤醒另一个灵魂"那样，作为史家小学五大基地之一的史家书院，正用它独特的方式为孩子们的成长不断积蓄能量，进而增益其禀赋的发挥、个性的舒展和生命的绽放。

这一切归于校园无处不在的和谐神韵。这里有美景，有社团，有学科，有传承，更有一颗颗酝酿大爱之美的心。

　　张淑华原来是另一所学校的一名优秀的美术老师，2005年她通过竞聘来到了史家小学，问起张老师为什么要选择换一所学校教书，这得从她家长的身份说起。原来张老师有个女儿，作为小学教育工作者，特别知道学校的环境对于童年时的孩子有多么的重要，张老师不希望自己的孩子整日沉浸在书山题海中，她想让女儿有个无忧无虑快乐的童年，能做一些她自己感兴趣的事情。张老师至今忘不了有一次女儿哭泣着跑来和她说自己的百来道口算题中，错了七道，是班级里口算成绩最差的孩子。张老师听到孩子的哭诉觉得很难过，因为孩子白天上课，晚上还拉小提琴，等孩子练习完总得到晚上十点多钟，再去做口算题，孩子心有余而力不足，所以才会导致作业出错；而原来的学校以升学率和作业正确率为评判孩子的依据，令女儿觉得自己总是不够好。张老师发现了这样的苗头后，希望尽快转变这样的状况。在多方了解史家小学的教育理念后，她通过竞聘来史家小学教书，并且将女儿也转到了这里。张老师知道史家小学是北京市小学的实验模范校，多年来以和谐的艺术教育理念为特色，为培养孩子艺术兴趣一直孜孜以求。过去毕业的学生都以自己是学校的一员而感到骄傲和自豪。学校所具有的这种精神气质，是校园文化建设的导向和发展的源泉，可以鼓舞学生确定精神上的自尊和自信。这笔宝贵的精神财富，令所有史家的孩子都受益匪浅。

　　张老师的女儿自从到了史家小学，参加了大量的社会实践活动，无论是班级的假日小队游还是学校组织的比赛，到处都能看到她的身影。张老师不禁感叹，史家小学的和谐教育理念改变了自己女儿的命运。这种理念的全方位渗透使孩子身心放松了。现在张老师的女儿已经是西城区八中一名初三的学生了，即使在初中，女孩的身上也尽显史家风范，她事事敢为人先，竞聘学校的艺术团团长，参加学校的合唱团并成为骨干成员。和其他孩子相比，张老师的孩子可能不是成绩最出色的，但是张老师始终认为，培养孩子必须要有一个适宜她发展的环境，教会孩子快乐成长，融入社会。用综合的、长远的眼光来衡量孩子的发展。张老师直至今日都非常庆幸自己当年的选择，不仅仅是作为教师在史家这个舞台上挥舞出自己的天地，更作为家长让自己的女儿拥有了更广阔的天空。

第 5 章
课程育人

　　史家小学的艺术教育一方面突出学生的个性、发展学生的特长，另一方面也努力让学生能够接受全面的艺术教育。因此，学校非常注重国家课程、地方课程和校本课程的实施。学校保证所有艺术门类的所有课时，自主开发了富于特色的校本课程。史家小学艺术课程门类丰富，而且每门课程都堪称精品。

　　史家小学秉承和谐教育理念，坚持育人为本，坚持能力为重，提出了"未来就在我们身边"的课程观念，明确了"和谐的人"的育人目标。在此基础上，学校对国家课程、地方课程和校本课程进行整体规划，整合多种优质教育资源，形成了以学科拓展课程、创新体验课程、人文素养课程和健康教育课程为主体的和谐课程体系，为学生注入成长的基因，培养孩子掌握未来的能力和选择未来的力量，用和谐奠基生命的底色。

　　学校教育担负着培育人才的重要任务，育人主要是通过课程的实施去实现的。这是颠扑不破的真理。史家小学注重精品学科的打造，艺术教师明白，育人的主阵地在课堂教学，育人的平台是课程，凭借是教材。

第1节　打造精品学科

小学艺术课程作为义务教育阶段学生的必修课，在整个小学课程教学中占有重要地位。史家小学认真学习新课程标准，充分认识并发挥艺术教育独特的育人功能，通过营造艺术氛围，开展丰富多彩的艺术活动，全面提升学生的艺术鉴赏水平、艺术表现水平以及艺术创新能力，使学生的艺术素质和其他素质和谐发展。

学校艺术教育面向全体学生，坚持普及与提高相结合，坚持群体提高和特长发挥相结合，坚持日常教学与活动竞赛相结合，使学校艺术教育方法、途径、载体更加多元化。深入开展艺术教育科学研究，形成学校艺术教育研究的特色。

精品学科建设是一项综合系统工程，其中包括教学队伍建设、教材建设、机制建设以及教学方法和手段建设。精品学科建设的目的，是要倡导教学方法的改革和现代化教育技术手段的运用，鼓励使用优秀教材，特别是校本教材，提高实践教学质量，发挥孩子们的主动性和积极性，培养孩子们的艺术兴趣和创新能力。

在学校和谐教育理念指导下，艺术教育精品学科建设已经成为学校重中之重的工作了。随着这一思想的深入推进和持续发展，艺术教育的学科理念得到升华，学科方向得到凝练，学科规划得到完善，学科建设措施得到加强。艺术教育学科整体实力得到提升，精品学科建设取得了令人瞩目的成就。

第2节　重视教材建设

随着课程改革的不断深入，在课改理念的倡导和相关政策保障下，校本课程开发日益成为一个热点和一个导向，而校本教材编制就是校本课程开发内容之一。校本教材的出现突破了传统的"一本书主义",有效实现了"一纲多本"。史家小学也积极地进行了校本教材开发,根据新课程标准,开发出了许多独具特色的校本教材,令人耳目一新。学校的校本教材已然成了"秘密武器",而这秘密武器的诞生是伴随着新的备课模式生成的。这一过程可概括为"提前备课,轮流主备,集体研讨,优化学案,师生共用"。这一步骤的实施,不是简单照搬课程标准中规定的学习要求和教材内容,而是以学生有效学习作为教学设计的具体要求。它的开发过程实质上是在教师之间、教师与学生之间进行互动,不断将国家课程化为"教师理解的课程"和"学生经验的课程",并使两者逐步融合。在此融合的基础上,学校承担了《探索校本课程和谐发展,促进创新人才培养的行动研究》国家级课题和《依托社团建设培养艺术特长生的行动研究》的北京市级课题。

目前,史家小学一、二年级开设的形体课,一至六年级开设的书法课等校本课程,已由中国少年儿童出版社正式出版发行。这两门学科的校本实践活动,经过相关艺术教师长达十年的实践、研究,初见成效。形体课《好猫咪咪》被列入中国电视师范学院系列电视教材,在中国教育电视台面向全国播放。

在史家小学的校本教材建设过程中,由于参与主体多元,师生参与程度充分,因而其贴近学校实际、尊重师生独特性和差异性程度较高,所以整体艺术教学效益自然显著。

第3节 开发校本课程

学校非常重视校本课程的研发与实施。这不仅是艺术教师的事,也是整个学校领导和师生的事。学校认为,在学校的校本建设未来发展里程中,必须坚持贯彻和落实党的教育方针，全面推进素质教育；必须遵守国家的法律政策、课程计划与课程标准，遵循学生的年龄特征和心理发展水平。课程体例上可"求同存异"，课程内容上突出"艺术教育特色可持续发展"，启迪学生智慧和思想，关注人的灵魂和人类文明；必须面向全体，深入浅出，详略得当，图文并茂，富有弹性；必须坚持以学生为本、文化积淀选择、优化与内涵发展、艺术熏陶与潜移默化等原则。

如此，就能有力促进学校领导和教师的特色学校建设意识的提升、校本课程研发意识的提升与研发能力的提高，进一步促进和谐特色学校文化建设的发展。

学校强调要加强艺术学科教研组的研究活动，及时总结调整教学内容、方法，培养学生学习兴趣，提高课堂教学质量。要求艺术学科教师积极主动地承担校本课程展示、研讨活动，继续研发校本课程，修订已实验并成体系的《形体》《书法》校本教材，集中力量研发《茶艺》《厨艺》校本教材，打出史家校本课程的特色牌。

艺术教育的本质是要提高孩子在艺术方面的综合修养与基本品质。它包含艺术认知水平、艺术表现技能、艺术审美能力、艺术情趣态度、创造精神和创造能力、人文精神与心理品质的塑造与提升等。

学校根据国家规定，确保各年级开齐、开足艺术课程。教学中，教师注重培养提高学生的审美意识、基础鉴赏、表演和创作的能力，逐步养成学生善于探究、比较、发现的艺术思维习惯，全面提高学生的综合艺术素养。在课堂教学中，学校加强课堂教学改革，努力提高课堂教学质量。

目前，学校承担了《探索校本课程和谐发展，促进创新人才培养的行动研究》的国家级课题。学校根据课程改革的要求，一是转变师生关系和学习方式，以学生发展为本，注重学生参与课堂教学，注重师生互动，"教学相长"；二是注重学习经历，结合学生的原认知和生活经验，以研究性学习为切入点，强调在艺术课堂教学中进行探究性、开放性的学习。

在音乐课中，采用了"引导探究式"教学法，即创设情境—引进课题—查找资料—引导学生主动探究，形成问题—师生讨论、解决问题—学生表演、创作、评价，达到巩固、运用的目的。

在美术教学中，采用欣赏与绘画动手操作相结合的方法，激活学生兴趣，剖析视觉艺术语言，培养学生绘画表现能力。

同时，通过挖掘艺术学科与社会科学、人文科学、自然科学直接或隐形的关系，使艺术成为文理相通的桥梁。

在书法课堂上，打破以往人们认为写字课是单纯的技能课的思维定式，将文字学的内容、辨析不同字体、塑造书法家立体形象等活动引入课堂，激发学生自主学习汉字的热情，进而端正学习态度，促进书写水平和审美素养的不断提高。同时，也激活他们对继承传统文化的责任意识，增强爱国情感，逐步促进其正确的价值观形成，为其日后真正成为中华民族文化的传承者打下基础。

学校还注重加强艺术教育与其他学科的整合，全面推进课堂教学改革。例如，将艺术与语文课改结合，形成古诗词吟唱、戏剧表演等兴趣小组。学校组织的"谷建芬古诗词进校园"歌曲演唱活动，在东城区获得一等奖。通过将艺术与体育结合，形成形体艺术课程。在教师根据自身舞蹈专长的基础上，结合韵律操、踢踏舞的特点，设计并推行了全校性的集舞蹈与运动为一体的校园踢踏操。《活力健身操》获教育部举办的全国中小学优秀自编操评选三等奖。《旗操》《韵律操》《踢踏操》参加北京市百所课间操优秀校评选活动，学校被评为"优秀校"。啦啦操《中国力量》获北京市啦啦操比赛一等奖。

学校加强对艺术教育课程的校本构建，不断提炼课程的文化内涵，使培养审美技能与文化鉴赏成为教学的核心。学校在尊重艺术教师的基础上，充分挖掘和利用艺术教师的个人专业特长，逐步形成了有个性、有特点的，具有浓郁人文特色的校本课程。

在艺术教育全面普及的基础上，学校又大胆进行了分层分级的艺术教育专题研究。学校是教育部开展"2+1"项目的实验校，每周利用三个下午课余时间，组织全校学生开展各种艺术类、体育类的兴趣小组活动，鼓励学生积极参与。目前学校里开设了近30余个的艺术类兴趣小组，采取自愿报名、走班授课的形式，每个学期参与学生人数达到全体学生的90%以上。

音乐组老师们承担的北京市课题《依托社团建设培养艺术特长生的行动研究》，目标是根据艺术社团的学习特征和学生学习特点，试图探讨研究出一套适合学生特点的，有利于学生学习艺术项目的管理方法，为培养艺术特长生和学生全面综合发展总结经验和规律。目前参与项目研究的是舞蹈团、合唱团和管乐团的老师们。

第6章
活动育人

　　学校每学期都开设艺术类兴趣小组 30 个左右，活动计划落实，且重点定时，效果显著。现有合唱团、管乐团、舞蹈团以及小剧团、习书苑、学生电视台、画社、朗诵、缝纫、工艺、摄影、篆刻等多种类艺术团队，学生通过自愿报名、教师培养、选拔、专家指导等方式，使得各个团队组织处于良好的发展态势。丰富的社团活动提高了学生的艺术修养，让学生在艺术活动中尽显风采。

　　学校的美术组、书法组也经常以各种形式进行全校性的交流活动，并定期举办各类丰富多彩的艺术活动。各种类别、各种形式的艺术类活动吸引孩子们参与其中、享受其中。比如，史家小学每年都会组织全校规模的书法比赛，学校三千多名学生全部有机会展示自己的书法。另外，学校积极组织学生参加东城区、北京市不同主题的书法类比赛。书法学科每学期组织学生开展两到三次不同形式的书写比赛，以赛促学。美术厅每学期都更换不同主题、不同学生的个人画展，使学生在淳厚的文化氛围熏陶下，逐步领略较深层次的美育和德育。

史家小学还有一些独具特色的艺术活动。例如，每年的5月18日是民族传统日，学校结合这个节日开展艺术类活动。书法、绘画、舞蹈、诵读、演唱等各种活动异彩纷呈。每年一个主题，给孩子们搭建一个展示自我的舞台，让孩子们开阔视野，同时这也是让学生接受艺术熏染的过程。比如5月18日是国际博物馆日，学校结合这个主题日，把学生们平日很少接触的匾额博物馆的匾额引进校园，开展"博物馆进校园"的活动。

史家小学的艺术教师们认为，学艺术不能急功近利，不能讲究速成。史家小学的艺术教育实践突出"浸染"二字。学校通过各种途径和方法让学生浸润在艺术氛围之中，因为坚信学生是否每天浸润在这种高雅的艺术里，其人生色彩和底蕴是截然不同的。

学校开展的各种活动既是丰富学生的生活，开阔他们的眼界，也给学生提供了多方面发展的空间和可能，增加了学生获得成功的机会，获得集体认可、获得成就感的机会，也为教师自我展示能力提供了舞台，对于树立威信很有好处。另外，在活动中使得学生能当家做主，教师给学生的及时指导、关心，使他们的人格得到了尊重，他们的参与意识、主人公意识得到了加强。孩子们从中感到了学习生活愉快，从而"亲其师"，"乐其友"，达到"信其道"的目的。

史家小学开展了丰富多彩的艺术活动，坚持在活动中育人、在体验中成长。在学校领导的支持下，在一群乐业敬业的可爱教师群体的共同努力下，学校的艺术教育现已结出丰硕的教育成果。学校被教育部认定为"全国艺术教育特色校"称号。通过长期的历练，史家人也深刻地意识到活动育人的妙处。

（1）增强学校生活的吸引力，为学生释放过剩精力找到正当途径。学校本来就应该是儿童成长的乐园，丰富多彩的活动对孩子们的吸引力有多大，老师们都深有体会。有活动的日子，孩子们到校的积极性空前高涨，就是春游、秋游这种老生常谈的活动，也永远是学生盼望的。

（2）增强学校凝聚力。每个老师都希望自己的学生热爱集体，关心他人，活动是这些品质形成的催化剂。学校的每次活动，都以学生为主体，都是学生自己准备，在外表演或者比赛中，孩子们更是空前齐心。活动使孩子们看到自己的能力，得到集体的认可，找到自己的位置，使"史小学生"这样的字眼显得有吸引力。

（3）最大限度地拉近师生之间的距离，树立老师的能力威信和情感威信。一个老师要想组织好一个团体，首先要解决的问题是"威信"。威信大致可分为三类：权力威信、能力威信、情感威信。权力的威信令人畏，叫人不敢违；能力的威信令人敬，使人不能违；情感的威信令人亲，让人不愿违。学校的老师大多乐于用"情感和能力的威信"，在展示自己能力的同时让孩子们真心钦佩。孩子们会发自内心地说："我真喜欢这个老师，他画画得太好了 / 他字写得太好了 / 他舞跳得太好了。"活动恰恰能帮助教师树立能力威信和情感威信，增加教师的亲和力。

在音乐老师赵亚杰的班上，有个孩子特别调皮，对上音乐课非常没有兴趣。有一次，赵老师无意间发现了在某个网站上有一条获奖消息，原来这个孩子代表学校在香港参加冰球比赛获得了一等奖，赵老师马上找到了孩子，鼓励他说："今天老师在网站看到你冰球比赛得了冠军，老师觉得你作为一个二年级的孩子就已经获得这样的荣誉特别不容易，也由衷地为你高兴。"孩子听完老师的话后默默地记在心里，他觉得老师已经认可他在某一方面的能力，由此变得非常踏实。此时，赵老师在孩子心中的情感威信已经全然建立起来了，再上赵老师的课时，男孩都是规规矩矩，再也没有故意捣乱的现象了。

"教学有法，教无定法"，艺术活动设计也是这样。开展什么活动，怎样开展活动，史家小学的艺术教师们根据自己的特点，学生的情况确定、设计、组织活动。

实践证明，活动中的体验和收获，更容易在孩子们的记忆中留下痕迹，成为生命的一部分。当然，不排除活动中的消极影响也会伴随他们终身。所以，每一次活动都要认真地组织好，烦些，累些，值得；千万不要在麻烦、劳累面前却步。

第1节 多彩社团

有人说："珍惜孩子宝贵时间，远离那些浪费时间的无谓社团活动，充实自己，提高学习成绩才是头等要事。"不错，学校的社团不比在社会上广有影响的红十字会、妇联、共青团……但对于很多孩子来说，社团生活却是他们人生道路上浓墨重彩的一笔。很多孩子毕业以后，想起小学这段天真烂漫的时光，回忆起来的不是这次考试多少分、那次测验有没有及格，而是一系列的社团活动。

校园里的社团，就是要给孩子们提供一个空间和平台，在这里，教师们不奢求真能培育出小泽征尔、达·芬奇，只要孩子们快乐生活与学习，不泯灭对艺术的最初向往。在史家小学的校园里，活跃着各种各样的艺术社团。

在保证普及的基础上，学校的艺术教育活动力求创新，具有特色。一方面，为舞蹈团、合唱团、管乐团、小剧团这校园四大社团，聘请有国家级专业水准的专家，来校进行常年辅导，提高教师的业务指导能力和学生的艺术实践能力；另一方面，引进优秀的专业人才，对孩子进行规范教学。

在艺术教师们精心培养下，孩子们的艺术素养全面提升，在各级各类比赛中均获殊荣。

1. 舞蹈团

史家小学的舞蹈团自20世纪70年代就粗具雏形，2008年获得北京市

"金帆艺术团"称号。在学校领导支持下，舞蹈团从最初的二十余人发展到现在四个梯队近百人的艺术社团，成为校园里的精品社团，在东城区乃至北京市都起到了引领、示范、辐射的作用。

舞蹈团含舞蹈提高班、舞蹈初级班 A 班、舞蹈初级班 B 班，以及普通的踢踏舞兴趣班。这种梯队建设为舞蹈团培养优秀人才提供了有力保障，同时，在校园内也普及了舞蹈艺术，使更多的学生喜爱舞蹈，热爱舞蹈。

舞蹈团的学生是优中选优而来的。他们在舞蹈团的学习过程中，首先要培养好的学习习惯和意志品质，同时也要具备一定的自理能力，在学习舞蹈期间，不能因为跳舞而影响学习，也不能因为学习而影响跳舞。舞蹈团中有 40% 的学生为大、中队干部，每年都有 40% 的学生被评为市、区级三好生，获雏鹰奖章等。当然，学校也力求舞蹈团的学生都是品学兼优的舞蹈骨干。

每届舞蹈团都力争推出一至两个优秀原创剧目，目前已经推出的《爆米花》《少年先锋》《腾格里塔拉》等优秀作品，都受到广泛好评。

舞蹈团连续八年获得"北京市中小学生艺术节舞蹈比赛"一等奖，两届"小荷风采全国少儿舞蹈展演"的"小荷之星""小荷园丁""小荷之家"三项大奖。在第十四届全国群星奖舞蹈比赛中，还获北京赛区"群星奖"。舞蹈团迄今参加诸如全国少儿春晚、国际旅游文化节、第 29 届北京奥运会之类的大型演出百余场，曾赴美国、澳大利亚、英国、奥地利等国家参加国际文化交流活动。

学校把舞蹈团定位为金牌团队，明确表示一定"保金"——保持"金帆舞蹈团"的荣誉。同时，在人力、财力上给予大力支持。舞蹈团正在寻求探索一条合理化、规范化的管理模式。

目前，舞蹈团师资队伍也在不断壮大与成熟。现有的七位教师在市教委金帆艺术团专业指导委员会专家的指导下，经过近五年来不断的研修、学习，在专业素养、艺术水平和社团建设能力等方面，都有了显著的提高。指导教师谷莉还获得了北京市师德先进个人、东城区教育系统优秀共产党员、东城区"蓝天工程"导师团导师等称号。

舞蹈团开设的课程有舞蹈基本功、舞蹈技巧、踢踏舞、爵士舞、剧目课、毯子功等课程。每个班每周都保证 5~7 个小时的训练。每个学期，任课教师要上交学期教学进度，要对家长进行学期汇报。每个假期，任课教师要上传假期训练作业。每节课，要对学生进行课堂评价并及时向家长反馈。

学校还通过相互听课、相互学习交流的方式，不断改进教学方法。舞蹈团设有专用的公共邮箱，并利用飞信、博客、微博等网络平台，建立了《教育者的思考》《情感部落》《快乐的日子》《演出纪实》等 8 个板块。目前共有博文 108 篇，36 个教学视频，点击率近 4 万。这些网络平台使家校协同更加密切，沟通更加畅通。

作为创建史家小学艺术教育特色的品牌之一，金帆舞蹈团经过刻苦训练和无数次演出的历练，渐渐形成了坚持以原创踢踏舞节目为特色，充满朝气和活力的小学生艺术团队，成为学校对外文化交流，展示校园风采的重要窗口。

2. 合唱团

合唱团成立于 1987 年。合唱团团员常年保证在 150 人左右，分一团、二团、预备团。每周在本校专职合唱教师的指导下，进行三次系统训练，并聘请著名合唱指挥桑叶松教授任艺术指导，现任指挥为著名指挥家——蓬勃教授。团员们在视唱、和声、演唱技巧、作品表现力等方面，都得到严格的专业化训练。

合唱是一种团体艺术，要如何把几十个甚至更多的、程度参差不齐的个体训练成一个艺术整体，是一项复杂而又长期的工作。需要从实际出发，讲究方法，才能获得事半功倍的训练效果。合唱团成员的可塑性是决定合唱质量的关键。因此，要用长远的眼光来选拔苗子，注意协调低、中、高年级人数的合理比例，形成梯队，可持续发展。

合唱指挥李娜老师是东城区骨干教师，多年担任音乐学科兼职教研员，在音乐教学和合唱指挥方面是一名有实力的优秀教师，同时也是东城区"蓝天工程"导师团导师。钢琴伴奏杨明老师，毕业于首都师范大学音乐系钢琴专业，师从黄莹教授。进入合唱团的这六年，逐渐成长成熟，用琴声与学生合作，引领学生用歌声赞美美好的生活。

学校除了鼓励学生自愿报名参选外，还通过班主任、音乐教师推荐人选。这样，既扩大了合唱团在学生中的影响，又增强了合唱团员的荣誉感。合唱训练是一项既辛苦又枯燥的活动，学生容易产生厌烦情绪，影响训练活动的正常开展。合唱团的教师们总是竭尽可能创造条件，多让孩子们表现自我，以增强他们的成就感。表演的机会多了，孩子们自然而然就会更加喜欢合唱艺术，就有了积极参与合唱活动的热情，合唱水平也得到不断提高。现在团队的音色与声音已经达到统一与谐和，展现出了学校良好的形象和精神风貌。

现在的合唱团以纯净、圆润、柔美的音色，丰富的肢体变化，诠释不同时期、不同风格的声乐合唱作品，受到了专业人士的频频赞誉。合唱团多次在人民大会堂、保利剧院、国家大剧院、中央电视台、北京电视台及北京教育台进行社会性的演出活动；多次承担文化部、教育部、共青团中央、中国合唱协会等部门委派的演出任务。

近年来，合唱团参加了许多公益活动，在奥运会、残奥会各国运动员入村仪式、东城区教育系统奥运会、残奥会工作总结表彰大会、慰问贫困地区的"希望水窖"义演、国家大剧院学生演出周合唱专场、朝阳门社区演出、史家小学70年校庆、东城区新年音乐会等演出中，表现十分出色，得到广泛好评。合唱团立足北京，引领全国，走向世界。曾出访埃及、美国、捷克等国家进行艺术交流，受到国内外各界的关注与肯定，在国际文化交流中起到了重要作用。

2011年11月4日，喜讯传来，学校合唱团被授予"金帆合唱团"称号。

这是继"金帆舞蹈团"之后学校的第二个金帆艺术团体。学校也成为北京市东城区唯一一所拥有两个金帆艺术团的小学。

3. 小剧团

史家小学小剧团创设于 2006 年，现有团员 25 人，均为二至六年级的在校学生。小剧团从组建以来，学校高度重视，由主管艺术的副校长亲自主抓。小剧团在短时间内快速、稳步发展。

小剧团由幺韵莹老师负责每周活动一次，每次两个小时，除寒暑假外，常年坚持活动，做到专时专用。考勤制度严格，每次排练专人记录。为确保剧团活动的质量，学校每年都制订详细的年度活动计划，撰写年终的总结报告，使剧团在一个良性循环的轨道上不断发展。

为剧团的发展，学校聘请了济公的扮演者、著名表演艺术家游本昌先生作为小剧团的艺术顾问，长期对剧团进行辅导授课，使小剧团在戏剧表演能力上得到了很大提升。游先生教学式的排练，不但让孩子们学会了表演，也让他们懂得了什么才是正确的表演。通过表演的学习，孩子们的综合艺术素养全面提升，他们的自信心、表现力、创造力、理解力以及与他人沟通、合作的能力也得到培养。

在向游先生的学习中，学校的教师也在成长。现在小剧团的教师不但可以独立编写剧本，排练剧目，就连专业性很强的舞台调度以及对戏剧节奏的掌控，也能够准确掌握，在给学生独立排练时，都能做到有板有眼。

学校将面积 100 多平方米的艺术排练厅和可以容纳 300 人的礼堂作为小剧团固定排练场所，从场地上给予了大力支持。除此之外，学校还给小剧团配备了相应的器材，如摄像机、笔记本电脑等，在设施上提供了有力的保障。为了小剧团的可持续发展，学校每年都会投入专项经费，用于服装、道具、音乐制作、专家辅导、培训观摩等方面的支出。

通过依托专家，利用优质资源，小剧团的水平得到了提高。小剧团剧目在国家大剧院、人民大会堂、保利剧院、风尚剧场、社区文艺中心、学校礼堂等地，大大小小的演出共计 20 余场，得到了社会各界高度赞扬。

其中，剧团教师根据学生的真实故事改编的校园剧《生命的乐章》，获得北京市第十一届学生艺术节比赛一等奖、东城区第十一届学生艺术节一等奖，并获得最佳编剧奖、最佳创作奖及优秀辅导教师奖。同时，该剧还获得了"全国首届和谐校园剧展演"三等奖，以及最佳导演奖、最佳表演奖、优秀辅导奖、道具创意奖、优秀组织奖，并在东城区第一届文明礼仪剧展演中获得最佳感动奖。2008 年，史家小学小剧团还被教委评为东城区优秀集体。

2009 年 3 月，史家小学小剧团两次赴国家大剧院进行儿童寓言剧的展演，演出的剧目《乌鸦与狐狸》《商人与骆驼》《农夫与蛇》得到了在场观众的热烈掌声。2009 年 11 月，小剧团排演的儿童歌舞剧《守株待兔》登上了人民大会堂的舞台。2007 年 5 月，史家小学小剧团根据著名童话故事改编的儿童音乐剧《小熊请客》，在保利剧院上演。2009 年 11 月，史家小学教师根据四川灾区学生刘小桦的真实故事创编的校园音乐剧《余震》，获得了第十三届学生艺术节校园剧比赛一等奖。2010 年 2 月，该剧参加了在日坛公园举行的第四届"朝阳春分"民俗文化节的演出。

4. 管乐团

管乐团成立于 1995 年，经过十几年的发展日渐壮大。目前已经成为一支声部较完善、配置较精良、训练有素的大型学生管乐团，并已进入了管乐"交响化"的排练、演出。管乐团现有学生 300 余人，分别是三至六年级学生，每个年级一个团，每团约 80 人。乐团自成立以来一直重视团队的梯队建设，八名教师负责管理四个团的工作，他们是：闫瑶瑶、幺韵莹、高侠、温丽丽、赵亚杰、单博文、赵慧霞、张冉。

史家小学的艺术教师克服了很多先天的不足和实际的困难，从开始的"白手起家"到目前的"规模发展"，做了很长时间的努力和探索。管乐团是

1995 年才开始建立的。当时师资基本上都是中级师范学历，许多老师没有这方面的经验。但当音乐组接受这项工作后，如何更好地组建学校的乐团，能够让每个队健康稳步地发展，达到六年级时满意优秀的演奏水平，这其中，众多的老师付出了无数心血。从最初只是参与组织学生，到关注乐团学生的基本技能训练，每个阶段完成不同的曲目，来验证学生掌握的技能和乐队的配合能力、表现能力，经过多年的努力和打磨，这个乐团已然闪耀登场，变成史家小学四大精品社团之一了。

管乐团具有强大的吸引力，就是在于学生们在这个集体中，从不会到会，从不能到能，从不知到能做的过程。每个学生，从最初的一张白纸，甚至连自己演奏的乐器都是第一次触摸开始，到能够熟练地掌握乐器的演奏，能够和乐队中的其他声部同学一起共同奏出一首首优美动听富有感染力的音乐作品，他们体会到一种艺术美感，是一种最富有感染力与穿透力的情感语言。

乐团每两年参加一次东城区艺术节比赛，并始终保持一等奖的好成绩。2007 年，乐团参加北京市艺术节比赛，获二等奖。乐团曾站在保利剧院、人民大会堂的大舞台上，展现自己的风采；曾走访美国参加金龙新春大游行演出，向国际友人展现美妙的乐音。2011 年的北京市艺术节比赛，学校派出了两个乐团分别参赛，均获得一等奖的好成绩。同年 4 月，乐团在东城区少年宫的天地剧场举办了首场专场音乐会，四至六年级近 300 多学生分别登台，演奏了 18 首管乐曲，受到一致好评。

乐团的成长伴随教师的成长。现在乐团负责教师里，每名老师都积极学习掌握一种乐器，并都能主动积极带领学生进行乐器的合练、演奏。每年的毕业典礼上，六年级乐团都是一次最完美的谢幕演出。

为实现艺术社团金帆化的目标，史家小学将加强对课内课外艺术活动的管理，强化精品社团的建设，制定相应的规定，使各团建设规范化、制度化。具体落实到细处，学校将修订各艺术团规章制度，设计制作各团画册并建立各团大事记，记录学生艺术实践活动。

学校在艺术教育的过程中，强调合理安排学生训练时间，使训练常规化，不搞突击，避免"重结果，轻过程"，形成良性循环。任课教师要做到训练有计划，有目标，有质量，提高实效性。与此同时，学校将聘请专家定期指导，提高教师专业水平。

学校将依托网络平台，扩大学习空间，缩短距离，加强沟通。在校园网建立"金帆团"栏目，与市美育网链接，为教育教学交流、共享搭建平台。

学校要求各艺术团体要增加训练密度，点面结合，形成梯队，充实后备骨干力量。各团保证每两年开一次专场演出，根据市艺术教育金帆团各团节目数量，创作并学习作品，保证在各种艺术实践活动中有最佳表现。利用一切可利用的机会，为学生提供锻炼和展示的机会。每年参加一次国际艺术交流活动，并在国际比赛中屡获佳绩。

第2节　艺术活动

学校教育应增强其针对性和实效性，所有的教育都是在活动中进行的，包括被教育者在课堂内的常规教学活动、课外实践活动，教育者的课堂教学活动、教科研活动，以及内在的思维活动和外在的各式各样的活动。所以，要积极开展活动，在活动中育人。

每年学校都会举办艺术节，参与人数均为100%。学校还为热爱艺术的孩子们提供展示特长的舞台，开展合唱、舞蹈、摄影、美术、书法、艺术壁报、科普英语、戏剧小品等比赛。通过开展丰富多彩的校园艺术活动，学校成为师生展示才华的舞台。自1996年起，学校每年都要举行各种形式的艺术展演活动。因为形式活泼、内容丰富、参与面广，而深受全校师生的喜爱，如新年联欢会、灯火晚会、社团展演、歌咏比赛等。值得一提的是，2007 年学校在保利剧院举行的"和谐的旋律"艺术节文艺展演和 2009 年在人民大会堂举行的"在灿烂阳光下"建校 70 周年文艺晚会，展现了学校的综合艺术修养和精湛艺术水平，在社会上反响很大，影响很广，被专家称为"精品"文化。

作为教育工作者，怎样才能将学校的艺术教育工作扎实有效地开展下去？史家小学深知：活动是育人的载体。如何策划艺术活动，让孩子们在活动中自觉提高道德认识，锻炼意志品质，逐步养成良好的行为习惯等？在活动中育人，在体验中成长，这是教育工作者要思索和探究的问题。

史家小学的老师常常要带孩子们出国演出，对于很多老师来说，英语是横亘在他们对外交流时的重要障碍。这个时候，很多孩子都会自告奋勇地冲上前去向当地人问路、沟通。有一次出国表演的行程中，一个孩子将钥匙锁在了屋子里。就在老师们都束手无策的时候，这些孩子自己跑到酒店大厅的前台和服务员交流，最终顺利解决了问题。这本身就是孩子们综合素质的一个具体体现。各种比赛和活动的过程中，孩子们不仅开拓了自己的视野，还锻炼了能力。

艺术来源于生活，与我们社会的发展紧密相连。因此，艺术教育活动的开展，要紧跟时代的步伐，具有一定的新颖性和创造性，做到与时俱进。学校每年会根据社会关注的热点，精心设计一些新颖的艺术活动。精心策划艺术活动，让孩子们在活动中进行自我体验、自我教育。

史家小学六年级的美术课程中有一节课叫做"动漫海报"。"海报"，对于很多小学生来说，还很难明白其具体意思。在学习这个课程时，张跃东老师结合学校的实际，指导小学生们做海报。孩子们第一次制作海报就是给学校设计运动会海报。结合了运动会项目，孩子们又明白了海报的意义所在，踊跃参加，创意不断。最后，张老师郑重其事地挑选了三幅创意独特、制作精美的海报，要知道这些作品都是出自一个个小学生之手，是相当不容易的。张老师把这三幅作品放大，贴在运动会的场所，引起了大家驻足观看，那一届运动会上不仅运动员英姿勃勃，这些幕后制作海报的孩子们也是大展风采。随后，像学校的义卖活动、为灾区捐款等活动的海报，都开始由学生自主设计制作了，孩子们在这样的活动主题下，一来有了自己受到肯定的作品，二来又结合社会的实践，在这个过程中根据反馈不断改进，并不断提高自我的认识。

很多人觉得活动就活动，何必讲求活动的内容，注重活动的形式，在意活动的结果呢？但实际上，正是由于在活动中的创新，才可以使孩子们不断地进步。史家小学的杨子居同学是2011年联合国环保绘画一等奖的获得者，这个比赛获奖率比较低，全国共有20名学生参加，年龄跨度从小学到高中。学校每年都很重视这一活动，迄今已经参加了6届，每次这样的比赛有了通知，史家小学都会组织孩子们全员参与，这已经变成了课堂教学的必修课了，而每一届比赛老师们想尽办法创新，让孩子们在不同的环保理念里感受、积累知识。虽然不见得立刻让孩子们有一个全局的环保观念，但是最起码让孩子拥有了环保意识。令张跃东老师印象最深的是，有一年该项活动要求绘画突出"生物多样性"这个关键词，通过这次活动，孩子们突然发现在自己身边弥漫着各种各样的生物，离开了它们人类一天都活不了。正是通过这样的活动，孩子们意识到了生物的重要性。杨子居同学就是在这样的活动中脱颖而出的，她将自己对环保的理解用图画的形式表现出来，在老师的指导下，获得了大奖。2011年，杨子居同学应组委会的邀请到联合国环境规划署总部——肯尼亚首都内罗毕去领奖，而且作为学生代表，在领奖会上发言。现在她的画不但在学校美术厅展出，还作为学校的宣传内容，讲给每一个孩子听。

如何将这些艺术教育活动扎实有效地开展下去？评价机制很重要，孩子们处于不断发展变化的过程中。他们的发展需要目标，需要引导，需要激励。为了激励每一个孩子的发展，学校艺术教育处在每项活动开展中，都有不同形式的评价。有个人的，也有团体的；有师生评，也有家长评；有短期的月评，也有长期的学期评。多元化评价，广泛地调动了孩子们的积极性，进一步培养了他们的道德情感和意志品质等，让孩子们在活动中逐步养成良好的行为习惯。评价是教育过程的一个环节，建立多元化评价机制，调动每一个孩子的积极性。

其实，艺术教育始终强调的是态度、习惯，而某个时间段上的作品或成绩仅仅是一个参考的评价标准，甚至有时候可以说成绩是没有可比的标准的。譬如画画，画一个人是得优，画两个人就得"优+"，那么这个标准和概念就是错误的。有的孩子画画有天赋，拿起笔来不用教，就能表现得很好；有的孩子可能教半天，连个圈都画不圆，这个时候老师评价标准就是态度，即使孩子再没有天赋，再没有能力，只要能画出基本要求，就证明这节课听讲了，那孩子就是优秀的。而且像这样的孩子，老师会特殊保护，不会在大家面前去衡量他的画有哪些不足。给每个孩子提供全面发展的平台，激励他们在这个平台上，学有所长、学以致用，健康和谐的发展，这是史家小学艺术教育一直在努力的方向。

第3节　艺术表演

学校成立了各种各样的社团，这些结下累累硕果的社团，都是在活动中播种，在学校这片土壤中生根发芽，逐渐长出自己的枝蔓来的。通过活动，极大地调动了孩子们的积极性，培养了他们的各种兴趣爱好，丰富了他们的情感世界，活跃了他们的思维，开阔了他们的眼界。这些对于一个拥有健康人格的现代小学生来说，都是重要的。通过金帆舞蹈团的事例，就可以窥一斑而知全豹。

　　舞蹈团曾创作过一个名为《少年先锋》的踢踏舞，这个舞蹈主要是表现少年儿童那种团结、积极向上的精神风貌。孩子们通过艺术作品来感受这种熏陶，而不是老师去教化，通过排练这个舞蹈，孩子们发现了合作的重要性，每个人都需要把动作做整齐，通过气势对比得到的体验，孩子们能够从身心去感受。在出国表演交流时，大家都有一种主人翁意识，认同自己代表的是中国少年儿童的形象，要向国际友人展示。舞蹈团去澳大利亚的时候是夏天，跳《滚绣球》的舞蹈，因为孩子们要穿"狮子"装，从头到脚都戴着道具，穿的服装很厚重，头上戴帽子，脚底穿靴子，一趟下来鞋里的汗水都能够倒得出来，这样的体验不单单对孩子是一种磨炼，也培养了孩子吃苦耐劳的精神。

　　2011年4月21日，史家小学金帆舞蹈团提高班全体队员，来到北京第八十中学剧场，参加由北京市教委举办的"北京市第十四届学生艺术节舞蹈展演（金帆团专场）"的比赛。舞蹈团31名学生表演的原创舞蹈剧目《队鼓声声》，得到现场观众的热烈欢迎。演出结束后，专家评委进行现场点评，著名舞蹈艺术家潘志涛教授评价我们学生的表演"很给力！"。历经半年多的艰苦训练，舞蹈团终于获得圆满成功。谷莉老师要求同学们要在这一天、这一刻，做最好的自己，她们实现了。

　　2011年5月30日，舞蹈团作为唯一一个表演原创节目的团队，参加了"我们共同成长——党是阳光我是花"2011年东城区庆祝"六一"国际儿童节表彰大会。会上，舞蹈团提高班和初级班80名学生，遍布舞台中央及观众席，表演了踢踏舞《少年先锋》，得到在场领导的高度赞扬。每一次舞台上的荣耀，都是全体师生及家长们的勤奋努力换来的。东城区"六一"表彰活动，是北京市东城区最隆重的演出，导演对节目、观众的要求都达到了专业水准。为此，舞蹈团的各位师生付出了艰辛的努力：因彩排、演出落下的文化课孩子们积极补上；活动期间舞蹈团80名学生的饮食、休息、演出，老师都安排照顾得非常妥当；家长义工们更是积极踊跃报名协助老师工作。这正是"众人拾柴火焰高"，舞蹈团全体师生又一次圆满地完成了任务。

2011年6月29日，正值期末考试阶段，学校接到市教委的任务，参加"北京教育系统庆祝建党90周年专题晚会"。为了完成这次光荣的政治任务，学校新编排了踢踏舞《红星歌》。孩子们断断续续停了近一周的文化课，常常是上午考完试，下午就要赶赴工业大学体育馆参加彩排，直到晚上9点才能回家，第二天再迎接考试。演出时，孩子们表演的踢踏舞得到了导演的高度赞扬，再次成为整台晚会的亮点。

2011年9月16日，舞蹈团三个梯队二至六年级70名队员，为家长们表演了长达一个半小时的汇报演出，这也是舞蹈团自成立以来首次举办的汇报演出。为了提高学生艺术实践能力，让家长们更直观地了解孩子的习舞情况，引导他们正确、客观地认识孩子的优缺点，舞蹈团每年一次的学期汇报成为惯例。

演出中，虽然有的孩子经常出现动作不到位、表情僵硬、变队形时站错了位置等不足，但家长们仍能以热烈的掌声给孩子们以鼓励。这是一次非常真实的表演，孩子不戴妆、老师不提示、不帮助，把整个舞台完全交给孩子们。通过这场演出，孩子们得到了锻炼，家长们提高了认识，加深了理解。

在金帆舞蹈团的带领下，学校各个社团都纷纷开展了活动。学校将浓浓的校园文化气息带入到社区，比如组织绘画书法有特长的学生为社区出宣传壁报，组织文艺特长学生参加社区文艺演出，开展纳凉晚会，参加社区的艺术节演出活动，在重阳节和学雷锋的日子里慰问孤寡老人，等等。学校也安排社团的孩子们走出国门，到美国、英国、埃及、澳大利亚、新加坡、捷克、奥地利等国家，与当地的学生进行艺术交流。通过这些活动，让孩子们用艺术去充分展示自己的才华，更是用艺术展现出品格、人格，凸显出史家小学学生德才兼备、品行高雅的精神风貌。

第7章
管理育人

无论艺术教育研究领域还是学校管理工作研究领域，对管理的艺术教育职能都已给予一定的关注。关于学校管理育人的途径，通常认为是"在行政管理中育人，在教学管理中育人，在生活管理中育人"。但这些只是学校管理工作的具体范围，是体现育人职能的管理工作领域，管理育人的具体途径则蕴含于其中。在史家小学的学校艺术管理实践中，每一位艺术教师都充分注意实现这种育人职能。

第1节 多元途径

管理育人要求每个管理者立足于本职工作，通过以下途径对学生施加艺术教育影响。

1. 人格育人

管理者的自我形象与道德人格是一种艺术教育力量，管理者会成为学生模仿的对象甚或学习的榜样，其思想行为会对学生的艺术教育接受与践行产生很大影响。管理者的人格育人可分为两个层次。

（1）基本的自律层次，要求每个管理者注意自己的言行举止，认真、努力地完成本职工作，以此为人民服务、为社会作出贡献，与同事间密切协作，对管理对象包括学生要热情、真诚。

（2）提高性的先进层次，即管理者具有质量管理意识，能做到忘我工作、大公无私，并能以其优秀行为影响和带动他人共同前进。

目前，要求所有管理者在人格育人方面都达到先进性的水平是不现实的，但广泛性上的自律层次则必须做到。前面说过的小天通过举办画展心理状态有了很大的转变，这实际上和老师孜孜不倦的教诲是分不开的。因为，美术课堂是一对一的指导，孩子从开始时的忸怩封闭的状态到后来积极向上、踌躇满志，张跃东老师功不可没，最后孩子在小升初的毕业考试语文作文《我成功了》中，就写了他在老师的帮助下举办了此次画展的事情，可见这对他的意义之大。

人格育人实际上不仅表现在管理者的管理活动及日常行为中，管理者的人生经历本身就是一部好教材，它可以向学生传导对社会的感受、人生体验、治学态度与奋斗精神，并作为实际范例为学生提供启示和借鉴。当然，在这方面必须严防管理者人生历程的消极面对学生可能产生的不良影响。

2. 行为干预育人

管理育人也需要一般性教育与个别性教育相结合。这种个别性教育是偶然的、不系统的，它主要针对个别学生的个别行为，且以对其消极行为的干预为主。一旦发现学生有某种不良行为或行为倾向，管理者有责任也有权力予以制止、批评与说服教育。每当察觉学生处于道德选择的十字路口时，也就有义务给予指导和帮助。

现在的孩子多是独生子女，在家过惯了衣来伸手、饭来张口的生活。在史家小学的美术课上，张跃东老师强调五六年级的学生都是小学当中的成年人，因为他们在小学阶段年龄最大，年级最高，所以五六年级的学生做事情应该最稳妥，是最有责任感的人。张老师认为在行为上，每个学生都要为自己负责任，管好自己。譬如，为了适合孩子画画，美术教室的桌椅都是特制的，非常大；但这有一个弊端，一旦把椅子都拿出来之后，会妨碍旁边的学生进出。那么学生就必须学会管理好自己的课桌椅，下课的时候，必定要把椅子放进去。同样要爱护桌面，因为美术课堂总难免会剪纸、使用颜料等，在画画的时候，尽量要保证桌子的干净，在课程结束后，要将自己的桌面收拾整理好。还有美术课本，因为所有的美术课本都是循环利用的，所以每一个使用书本的孩子必须要将书当作是自己的一样好好爱惜，只有大家都保护好，资源才不会浪费，才能得到保护，这实质上也是一种对品德、对环境保护的教育。适时地对学生进行行为干预，能及时预防或纠正错误。这种艺术教育更具有针对性、现实性，效果也十分明显。

第2节　善抓契机

管理育人首先要求管理者的艺术教育意识的树立与强化。艺术教育意识是基于对学生的热爱、对教育事业的责任感的教育观。它要求管理者必须认识到，艺术教育不只是专职艺术教育工作者的事，每一教职工都应对学生的全面发展负起责任，主动地利用各种艺术教育时机，适时对学生施加积极影响。

学校每个学期都有"艺术之星"的评选活动，这个艺术之星由老师来评判，评判标准包括孩子的出勤、参加的活动、获得的比赛荣誉等。每一个孩子都盼望着能够拿到这样一个奖状。比如出全勤的孩子，老师会认为他非常认真踏实；积极参加活动的孩子，老师觉得他外向开朗，积极承担；最终获得比赛荣誉的，是孩子有真才实学，真正有能力。通过这样的褒奖方式对孩子施加积极影响的同时，学校也会对老师们有一个重要的评价。在学生管理方面做得好的老师，学校也会积极提供相应的平台让老师们去作汇报，介绍经验，让更多的老师了解如何通过管理提高学生的各方面能力。

学校管理育人更对管理者的业务素质尤其是管理能力提出了较高的要求。其中，管理行为的规范化、科学化与执纪严明尤为重要。管理的育人职能实际上是渗透于对人、财、物、时间、信息的组织、处理和运用的管理活动之中而得以发挥作用的。很难想象，一个业务素质不高、连本职工作都很难胜任的管理者，能结合业务活动做好艺术教育工作。更何况，其业务素质不佳本身，即对学生产生负向的示范作用，怎么可能成功地担负起育人职责呢？然而，并非一个具有较好的业务素质和较强的艺术教育意识的管理者，就肯定能够胜任艺术教育工作。决定其能否适当、有效地对学生施加艺术教育影响的，是其艺术教育能力的高低。艺术教育能力包括管理者自身的思想道德认识能力与践行能力、把握艺术教育内容的能力、掌握艺术教育规律并据此选用适当的艺术教育方法的能力、艺术教育信息的搜集与处理能力、了解并正确评价艺术教育对象的心理品质和操行的能力、控制艺术教育环境的能力、艺术教育语言的表达能力等方面，且以管理者自身的道德认识能力与践行能力最为重要。这些能力是对一个管理者履行其艺术教育职责的全方位的素质要求，要具备这种素质当然不能一蹴而就，只有凭借管理者在较强的管理育人意识的基础上，长期不懈地进行品德修养、理论学习和管理实践的锻炼才能达到。

史家小学每一届毕业班离校，学生们都会找老师告别。告别的方式有三种，一种是老师在班级里开一个告别会，老师送给每个孩子一份礼物。谷莉老师说，当时自己专门做了一个舞蹈团永久团员的证书给孩子，那个证书里有老师和孩子们的照片，以及大家在一起时的语录。在这个小小的仪式中，每个孩子都感受到了手中证书沉甸甸的分量，这个离别的仪式有些伤感，但同样也是老师对孩子们寄予厚望，而今迈步从头越的开始。第二种方式是学校专门组织一个专场告别演出，这样的演出非常正式，孩子们向老师汇报这些年的成长，并且表达感谢之情。第三种方式就比较活泼了，大家一起去唱卡拉 OK，也有笑也有泪，在歌声中表达离别之情。谷莉老师说不管三种离别的方式是如何有差别，老师对孩子们的真情没有差别，学生对老师的情谊也是炽热的。现在很多孩子还踊跃回到母校参与艺术表演活动，让老师们觉得似乎这些毕业生们还没有走。实际上正是管理者在育人的过程中用心地付出，孩子才会回馈一颗真心。

管理育人中直接的艺术教育活动多是偶然性的，常是针对正在进行或刚刚发生的某些突然性事件的正确处理，本身就会直接起到艺术教育作用。在较短的时间内，把握艺术教育时机，运用适当的艺术教育方法，还需要足够的艺术教育机智。这种机智既源自个人的禀赋，更需要长期管理育人实践中的摸索、锻炼方可形成。

第3篇 快乐课堂：史家小学的艺术教育课程

　　依循生命之道，尊重师生生命本性及其价值的课堂，才是快乐的。因为这里有人本性的自由，有师生追求知识和价值尽情发散智慧的快感，有以好奇和探究的心获取和创造的期待。史家小学的艺术课堂，正是基于这些因素力求让学生感受到生长的快乐，享受到艺术带给他们的愉悦体验，并把这些阳光的因素融入人格的形成完善之中。

引　子

艺术需要领悟。艺术教育要给孩子这种领悟的本领。这种对美的领悟，能陶冶学生情操，丰富孩子精神，同时调剂孩子生活与学习的状态，更可以引发和培养他们在生活、学习中对美的事物与境界追求的欲望和能力。美是生命自由和智慧创造的结晶。艺术课堂就是师生共同领悟美和追求美的地方。

那么，什么样的课堂充满快乐？这样的课堂应如何构建呢？

一般来说，无论什么样的孩子，在孩童时期都对艺术学科抱有极大的兴趣，甚至包括那些表现力相对较弱的孩子。但到了小学中高年级，总会有个别孩子不再喜欢艺术课程。虽然根据学生的心理和生理特征的发展规律来看，到了中高年级阶段，学生兴趣会有所分化，但不可否认的是，孩童时的学校艺术教育也存在欠缺的地方。不喜欢艺术的孩子，一多半原因在于家长或教师没有发现他们的兴趣点，或者对孩子的兴趣点和潜能不敏感，所以无从提供孩子需要的东西。教师如果对孩子的所言所行缺乏兴趣、缺乏理解，会给孩子的心灵造成无法弥补的缺憾。

比如，一些艺术教师对少儿艺术教育理论缺乏深入研究，往往把少儿艺术教育与成人艺术教育混为一谈。在教学中一味强调技巧训练，只有技法而没有思想，更谈不上创造性了。受到这些教育影响的学生，注定只能沿着别人的路走。甚至，误以为艺术就是辛苦和乏味的结晶，丧失了对艺术最初的美好感觉，从而再也提不起兴趣。还有一些家长，在孩子很小的时候就把他们送到艺术训练班，过早、过高地对孩子提出技术性要求，这种不懂孩子成长规律和教育规律的做法，扼杀了孩子的天性，阻碍了他们创造性艺术思维的发展。

快乐的课堂是依循生命之道和教育规律的。它是尊重师生生命本性及其价值的课堂。因为这里有人本性的自由，有师生追求知识和价值尽情发散智慧的快感，有以好奇和探究的心获取和创造的期待。史家小学的艺术课堂，正是基于这些因素力求让学生感受到生长的快乐，享受到艺术带给他们的愉悦体验，并把这些阳光的因素融入到人格的形成完善之中。

课堂是师生生命中重要的组成部分。在这里，他们日日相对，教学相长；在这里，他们辛勤付出，快乐收获；在这里，他们追求真知，培育希望。课堂，承载了师生所有共同的价值与梦想。快乐课堂，当是师生共同成长的地方。

既然是共同的成长，那么课堂上的老师和孩子，就会时常遇到"成长的烦恼"。那些生活与学习习惯的差异，那些追求真知过程中的不解与挫折，会自然而然地造就师生之间或学生之间一个个的小冲突，这些小小插曲在和而不同的和谐氛围中，成了师生自由表达思想，相互启发和提高的契机，收获成功的结果和曲曲折折的过程，是令人兴奋和难以忘怀的。

当然，课堂的快乐也更多来自这里常常是游戏的场所。史家小学的艺术教师用自己的教育智慧，设计出一个个充满乐趣的学习小游戏，寓教于乐，激发孩子们的学习热情，引发他们显现各自的艺术潜能。

在一般人眼中的小小课堂，在师生眼中却是全部的世界。生命中四季的轮回，大自然生生不息的生发繁衍，大千世界里的形形色色，在这里——被感受，被透析，被领悟，被渗入成长的血液。这里是充满精神交往与文化对话的生命场，这里是探索大自然的奥妙和人类奥秘的探险乐园。

在史家小学的艺术课堂上，快乐来源于教师利用实践智慧有效的主导，更源于教师一心扑在孩子身上心无旁骛的爱；来源于学生充满智慧与生机的积极参与，更源于孩子们热情追随老师无所顾忌求知交流的渴望；来源于师生共同追求宇宙真知与生命价值的动态课堂探险，更来源于师生把课堂转换成师生能力与智慧表演的舞台、情感与文明生发的殿堂。

第8章
书 法

　　鲁迅先生说:"我国的书法艺术是东方的明珠瑰宝,它不是诗却有诗的韵味,它不是画却有画的美感,它不是舞却有舞的节奏,它不是歌却有歌的旋律。"书法是审美与实用的结合体,书法教学不仅能使学生增长知识,更能提高学生审美能力,实现美育的功能。书法练习让孩子感受美,探求美,领悟美,创造美。它以汉字为载体,又涉及语言、文学、历史、美学等,与音乐、美术相通。所以,在美育功能之外,书法又可整体提升学生多方面的素养。史家小学的书法教师,正是基于这样的理解来进行课堂教学的。

　　学校的书法老师陈庆红也一直坚持这样的育人理念,她认为老师在教习孩子书法时不应用功利的心态去对待书法教学,而要将这种传授教习本身当作一颗种子,在孩子内心当中播撒这样一颗种子,种子可能不会短时间内发芽,但作为老师绝不去人为地摧伤它。可能就是这样一颗种子,让孩子之后在这个阶段的学习过程中有兴趣。对这些不曾涉及的问题、没有时间接触到的问题,教师要做好引领,让孩子有所思考,期待孩子在以后某个阶段,甚至哪怕可能是他成年后,意识到自己曾经在小学上书法课时,被这样开导或者引导过。这样的经历，能促使他对书法有新的认识或重新感兴趣，从而可能会回过头来去对这件事有一个深入研究。所以，在小学阶段，对孩子书法的教习，主要是一种期待，一种兴趣培育，就像把一颗种子撒到孩子内心让其自然发芽，学校要做的是为孩子提供适宜的环境。

陈庆红老师说："一直以来很多人就会喊传统文化丢失了，西方的快餐文化对我们固有文化冲击非常大。其实，任凭外界再怎么喊都不如当老师的点滴去做，这个点滴去做是一种渗透。我们的目的就是为孩子们提供一个体悟中国传统文化的机会，或多或少在孩子们心里留下一丝痕迹。倘若有孩子在这个过程中对书法感兴趣了，他就会自觉地投入时间和精力去研究……"

第1节　关注实效

随着信息时代的到来，互联网上的资源共享和数字化技术，从软件和硬件方面使课堂教学的条件都有了很大的提高。人们不仅可以从网络中搜集到最佳的课堂教学案例，还可以运用先进的数字化技术教学设备进行现代化教学。然而，教学质量真的会因此而提高吗？史家小学的教师并不满足于这样条件的改善，他们怀着对孩子的爱心，对教育的责任心，在充分利用先进教学经验和教学设备基础上，忘不了实践出真知的箴言，根据课堂和学生的实际情况，来让孩子的知识需要获得最有效的满足。

比如，对如何利用信息技术提高学生学习积极性和课堂教学的有效性方面，书法教师们没有盲信现代教学手段的有效性，而是通过课堂实践用心分析研究，探索更为有效的教学方式。

他们在教学"隹"字旁时，对两个班进行了不同操作效果对比。甲班播放课件体现隹字旁的左竖向下长出头的特点（图见下页），乙班以做笔记

隹字旁左竖特点

的方式体现这一特点，之后均由教师示范书写，再一次强调要领。经两次作业统计获得学生对这一特点的掌握情况，结果如表所示：

隹字旁不同教学操作效果对比

	写出	未写出	总数	掌握率
甲班	36	9	45	80%
乙班	40	4	44	91%

经过多次实践证明，分析汉字的结构，用课件依次呈现结构图形，只能发挥学生的视觉和听觉功能，之后课件上的内容如过眼烟云一般消失。而如果让学生用笔在字头上勾勾画画，标注一些小笔记符号（如下图所示），这种学习形式不仅使学生在眼、脑、手的相互配合下多感官获取信息，有利于掌握字的特点；同时，也是对各感官的协调性训练。伴随着教师和学生之间的即时性交流中眼神、语气等情感因素的传递，老师被请到了学生们的练习本上，学生在书写练习过程中可以反复利用笔记，对于提高书写质量具有实实在在的指导作用。

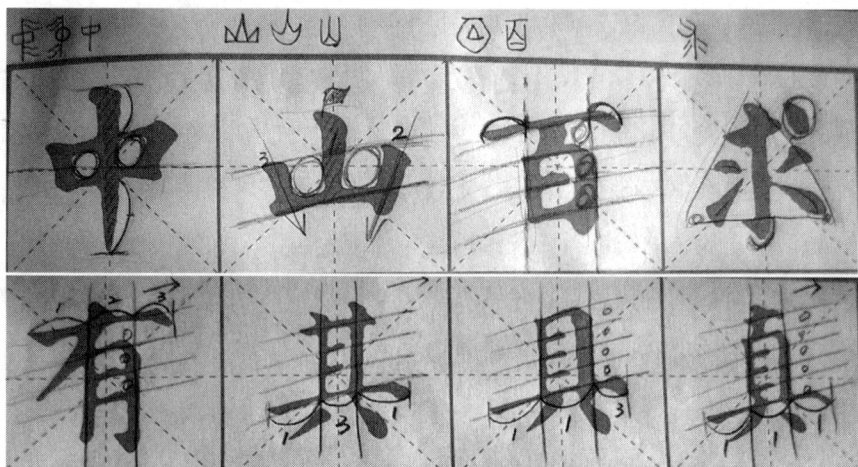

传统教学手段——让学生用笔作勾画

从实践中的对比，他们得到这样的结论：在研究和使用新的教学技术的时候，要正确理解它的现代性。对传统教学手段不能一概否定，而是应该抱着扬弃的态度，有所保留。

又如，在进行校本教材《走进唐楷》的主题学习活动中，书法教师则根据教学需要选择了现代教育信息技术——反馈器，对欧阳询和颜真卿的字进行辨析，凸显了多媒体高互动课堂的优势。在进行教学设计时，教师预设学生对"春风江南"四个字的辨析错误率，应该随着辨析次数增加和辨析经验增多而逐渐减少。然而，课堂生成的结果却和预设有些差距，反馈器显示，学生辨析第二个字"风"的错误率反而增加了。通过追问原因得知学生感觉欧体的"风"比颜体的粗细变化还要明显，因此选错了。针对该问题，师生再一次审视该字，发现的确如此。但是，有学生又发现如果通过观察圆笔效果和全字的气势，仍然能够把两种字体区分出来。由此，也使学生明白了辨析字不仅要把握字体特征，还应该能够灵活地、综合地运用字体特征进行辨析。

辨析欧阳询与
颜真卿的字

就这样，史家小学的书法教师尊重教学实践，通过课堂教学过程中及时地反馈、不断地调整教学，学生的辨析错误率逐一降低，重归预设。

此种教育技术的运用将高科技浓缩于遥控器的几个简单按钮之上，轻松应用于课堂教学，促进了教学中各要素的相互作用，以及教师和学生的自我交互，促进了协作性公共知识的生成和群体的理解与记忆。面向全班的测查提高了教学中交互的广度；简便灵活的测查方式提高了师生交互的深度和频率；按键回答的方式利于避免担心答错而产生的胆怯心理；成绩的统计记录为师生自我反省、自我交互创设了良好的外部条件。这样的交互符合"以学生发展为中心"的新理念，得到了内容学习和情感激发的产出。

书法教师正是这样立足课堂和学生的实际，来恰当使用信息技术的，由此，他们大大提高了学生学习的积极性和课堂教学的有效性。

第2节　以赛促学

学习书法的小学生既是书写者，又是欣赏者。作为书写者，他们通过不断的书写实践，锻炼书写技能技法，练好内功，提高书写水平。而作为欣赏者，他们就要通过了解、理解、辨析和感悟，逐渐具备审美素养，从而使欣赏水平得以提升。欣赏水平提高了，又对技能技法提出了更高要求。而书写水平提高了，反过来又要求审美素养有新的提高，不断的循环往复，相互促进，不断上升。这一切是需要教师的课堂教学来推进的。

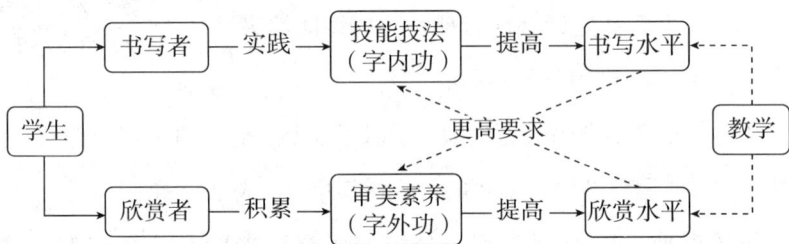

书法的学习

史家小学的教师为了让更多孩子们体验到书写的魅力，除了教导他们一般的读帖、临帖之外，还采用以赛促学的方式。学校每年举办至少4次书法比赛。组织一次比赛可不是仅仅增加了批改作业量那么简单，它是一个系统工程。就拿一次硬笔比赛来说吧，从第九周开始，四位书法老师随堂带着一个班一个班地写作品，到第十周把全校78个班的学生作品全部收齐，历时半个月。而后，分头批阅，从总计3000多份作业中筛出入围作品，再按年级把各班入围作品放到一起权衡等级。老师们再把数据汇集起来进行数理统计，测算出年级的冠、亚、季军班。再把个人获奖的名单分门别类地整理出来，为后续工作作准备。同时，为一等奖的作业拍照，留存资料，修改图片大小，以备上网发布信息。最后，上网公布比赛结果和优秀作业照片，让家长和学生方便了解比赛结果。

这种以赛促学的方式大大促进了孩子们的学习积极性。为了更好地提高孩子的书法水平，每次大赛结束后，陈庆红老师都会逐班进行具体的赛情讲评分析，为的是让评比更透明，把做事要公平公正、有理有据的思想渗透给孩子们。同时，也让孩子们知己知彼、相互学习。评价不是为了甄别而是为了促进，教师对于开展赛后分析表示欢迎，并认为能够从中发现优势和不足，对今后的工作具有指导作用。

第3节　修炼内功

史家小学的教师在课堂教学中，会有意引导孩子透过汉字之美去感悟字外深意。史家小学的教师在教书法字体结构合理化的时候，也会有意引导孩子们来发现汉字的美。汉字美，美在其精致结构，说其穿插避让也好，左右配合也好，字体内在相互之间有个合适的结构。比如说一个左右结构的字，常常会出现让右现象。为什么要让右？该如何做到"让"呢？通过学习，学生掌握了左收右放的处理方法，懂得了"让"是为了字能写紧凑的道理。字左右之间能够做到这种相互的谦让，对孩子们的教育意义也是很大的，这种知识学习在孩子的精神层面也是一种教化。再比如汉字当中均衡的美，对称、均匀理念从宏观上来说是中庸的美学观点渗透其中。教师可以从各个角度让学生感受到一种和谐，中国字本身的匀称与西方的不对称美是完全不同的两种美学概念，让学生去了解这些美学知识，也使其对书法有了外延更宽泛、内涵更纵深的认识。

再如，"积德累仁"是史家小学六年级书法校本教材的一个内容，从大处着眼德和仁是指一个国家的德治、仁政，从小处着眼则是指一个人的品德、仁爱。如何让小学生借助这一内容理解抽象的德和仁呢？陈庆红老师便把孩子们的目光引导到发生在书法教室里的一些小事情上来，以此渗透思想品德教育。例如，在拿椅子的时候要轻拿轻放，在使用笔架、墨盘等用具的时候，要注意保洁，即使是不小心弄脏了，也要主动清理干净，这就是"有德"的具体体现。"仁"则体现在同组同学之间要友善、谦让、互助，写字的时候，应保持安静，做到心中有他人等。

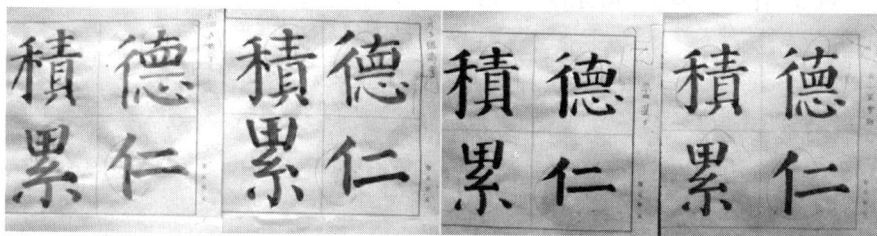

"积德累仁"学生书法作业

王旭红老师亲身经历了"联络单上的留言"小故事也体现出书法课上对学生"仁义"的引导。

王旭红老师在每节书法课后都会给班主任写张联络单，联络单上有简单几行内容。

王旭红老师在书法课后给班主任的联络单

总评	
表扬	
提醒注意	

这张单子用了一个学期，感觉很实用、方便，表扬之处填上学生的学号，

班主任一目了然。但是慢慢地王旭红老师感觉到有些班的学生对于这张单子并不重视。第一，单子是由课代表拿回去给班主任看的，没被表扬或批评的同学觉得与他无关；第二，单子上内容过于简单，自然觉得不重要，有时候只是一个"优"字，班主任一忙，看一眼也就够了。后来王老师加了一些对班级的评价。

有一天，王旭红老师上某个班的课，班主任把班里的学生送到书法教室门口，不时还叮嘱几句。王老师在上课之前对同学们说："班主任老师太辛苦了，为你们太操心了，我今天听到她的嗓子都哑了！今天这节课我们最好在联络单上写这样一句话——'请陈老师注意身体'！不过，如果有同学违反了纪律，我们就擦掉一个献给陈老师的字！"王老师开始上课了，有些学生总是控制不住自己，"××同学随便说话了！擦'请'字。"此时，其他同学不由自主地发生责备、指责之声，王老师说："又有随便说话的，你们应该用行动告诉××如何去做，责备他，你也就随便说话了！擦掉'陈'字！"如此种种，犯错的人少了，责备声更少了，但最后只剩下"身体"两个字了。

下了课，王老师将"身体"两个字写在联络单上，对课代表说"你去向咱们班老师说明这两个字是怎么回事"，但同时也在联络单上写上了"同学们很仁义！"。正好，中午吃饭时王老师遇到这个班的班主任，两人会心一笑。

学生是需要引导的，在史家小学的书法教师看来，练字可以是"小事"，可以慢慢培养、学习，但有些事情要通过多种手段去积累。史家小学的教师随时抓住教育契机在上课中渗透、让学生体会"关爱"、"仁义"等内容。

第4节 激发兴趣

能写一手漂亮实用的字，能带动学生其他学科的进步，有利于他们身心健康成长、有利于养成良好的学习习惯。初学书法的学生，对书法兴趣表现不一。有的受家庭影响或羡慕别人有一手好字，对书法稍有兴趣；有的出于家长压力勉强去学，毫无兴趣；有的感到好奇、新鲜，暂时有兴趣。爱因斯坦说："兴趣是最好的老师。"孔子说："知之者不如好之者，好之者不如乐之者。"兴趣对学习有着神奇的驱动作用，能变无效为有效，化低效为高效。如果一个人对从事的某种事情毫无兴趣，那么他就很难作出持久的努力。学生学习书法亦是如此。

在小学阶段，巩固、维持学生对书法的兴趣尤为重要。在史家小学，学生经过一段时间的学习，有不少人已经掌握了所学书体的基本技法与风格，已经进入创作阶段。每逢有书法比赛，学校选出的作品在全区数量多、成绩好。学生的点滴进步，老师给予大力表扬，并且经常提供"用武之地"：美化教室、校园、参加社会活动等。2011年9月20日，王旭红老师和张婉主任带领五名学生参加了故宫"兰亭特展"开幕式笔会。

为了参加这次笔会王旭红老师用中午休息时间，对几名学生展开定向培训：崔紫瑶同学书写行书"群贤毕至少长咸集"，马少武同学用元芟笔意书写"清风徐来水波不兴"，聂永洋同学书写篆书"奋进"二字，高智源用欧体书写七言对联，胡逸冰同学用勤礼碑笔意写斗方。

在故宫皇城的大气魄中，学生们顶着骄阳奋笔疾书，王旭红老师则在一旁不住提醒：如何裁纸、怎样安排字的位置，马少武同学最引人注目，写得又快又好。有趣的是他的爷爷也被邀请参加笔会，老先生自己没写多少，半天时间全当自己孙儿的"书童"了，又是铺纸、又是照相，忙前忙后。

由于此次笔会时间短、要求高，学生们展示的是自己擅长的书体及书写内容。笔会后学生们的作品被故宫社教部留存。高智源写的欧体字也得到现场专家、书画家、故宫领导的表扬。

笔会后，王旭红和学生们参观了"兰亭特展"，在有关《兰亭序》的书法、绘画、砚台等丰富的文物面前，学生们又上了一节生动的文化课。这就是史家：她给予学生多种充分展示自己才能的机会，有不断提高学生各方面能力的舞台。

对于"不喜爱"书法学习的少数学生，史家小学的教师认为，通过改进课堂教学内容，发挥教师的积极影响，拓展学生的知识面，增强学生的外部动机，提升对书法的认识层面等措施，是可以将学生的消极态度逐渐转化为积极态度的。这是解决问题的途径，但这不是最好的做法。最好的做法应该是，抓住课堂上稍纵即逝的契机，让小课堂成为孩子自身价值体现的大舞台，这样，他们对书法课堂的爱，就会深入内心。

陈庆红老师曾收到过孩子为她颁发的"最佳耐心奖"与"最佳认真奖"。获奖原因有很多，其中有一件事情让她记忆最为深刻。

学生为陈庆红老师颁发的"最佳耐心奖"与"最佳认真奖"

2006 年 1 月 4 日，陈老师在给六年级三班上书法课时，学生对书写内容"卿工大夫"的词义感到陌生，但同时也引起了学生对古代官职的兴趣。她用事先查到的资料与学生共同理解词义后，顺便说了一句：下一单元仍是有关古代官职的内容，希望感兴趣的同学找一找相关资料。

课后，平常默默无闻的孩子小钟走过来对陈老师说："下一单元的'司马'一职还是一个姓氏。我们家有本书，上面就讲了关于这个姓氏的故事。"看到小钟对学习内容表现出兴趣，陈老师立即给予肯定并接着说："你对这个问题是不是很感兴趣？如果可能的话，我想交给你一个小小的研究项目，用一周的时间搞清楚在中国历史上先有的'司马'这个官职还是先有的'司马'这个姓氏。"陈老师是想通过这个研究，加强小钟在书法课上的参与度，同时也是帮助她自己查找相关资料，填补知识的空白。

一周后，在陈老师的课上，小钟详细地向大家解释了"司马"姓氏的缘由，他说："我经过翻阅图书和上网查找资料发现'司马'是一个非常古老的姓氏。在历史上有许多以司马为姓的著名人物……那么，这个辉煌的姓氏是从何而来的呢？中国姓氏的来源很有意思，有的以职业为姓，有的以封国封地为姓，有的以居住环境为姓，而司马正是以官职为姓氏的。司，有掌管管理的意思。马，可以认为是兵马的简称。所以司马就是掌管国家军队的官职。据《通志·氏族略》记载，司马氏的得姓时间可以上溯到 2700 年前的周宣王时期。司马氏的始祖，一位叫程伯休父的人官拜司马，因为有战功被赐姓——司马作为一种荣誉，其后世子孙也就以官为氏而姓了司马。后来，其子孙们一分为二，有的继续姓程，有的改姓司马了。他们的籍贯是河南省黄河以北的五舍县。我的研究结论是先有的司马官，后有的司马姓。"话音刚落，同学们报以热烈的掌声。

此时的陈老师为小钟的出色汇报感慨不已，心中暗想：平时对书法学习心不在焉的他，此次能够如此认真地对待小研究，又很有条理地呈现出研究结论，真是出乎意料。陈老师在课上说："我要感谢小钟帮助我们大家找到了有关'司马'问题的答案。通过小钟的研究让我们感受到了他的认真和有条理，也展现了他解决问题的能力，他作的研究是有意义的。也希望大家在今后的学习中向小钟一样，遇到问题不要放弃，要通过自己的努力把问题解决掉。"孩子们把钦佩和羡慕的眼神一齐投向小钟，小钟也面露笑容，美美地享受着大家投来的目光所带给他的幸福。

陈老师此番评价向孩子们传递了多种信息：第一，衷心地感谢小钟提供的资料，丰富了老师的教学内容；第二，鼓励小钟的研究行为，激发孩子们的研究意识；第三，教给孩子们做事要善于钻研的道理；第四，老师不是无所不知的，师生之间是一种平等的、互助的关系，教学可相长。

史家小学的书法教师通过这样的课堂智慧，使课堂生活成为师生生命价值、人生意义得到充分体现与提升的快乐场所。

陈庆红说："作为书法教师，我们要时时刻刻注重提高自己的文化素质及自身素质修养，在学生心目中教师是权威人物，教师一言一行也在潜移默化地影响着学生。作为书法教师，如果不懂书法理论，不懂书法技巧，不懂美学知识，凭现有水平想把书法课教好，是远远不够的。必须在实践中深造，在教学中不断探索，不断创新，提高自身教育教学能力。""能力只能由能力来培养，才干只能由才干来培养。""受教育者是教育者的一面镜子。"教师书法好，能作示范，才有可能深入地把握教材，灵活地驾驭课堂教学，有效地指导课外活动。教师要加强书写基础知识的进修，阅读必要的参考书，并经常练功，做到"曲不离口，字不离手"，为中华传统的书法艺术扎根开花献一份力。

第9章
管　乐

管乐团里一位吹萨克斯的孩子对妈妈说："妈妈，你若是能参与我们的乐团，亲耳听听我们的合练就好了，那真是一种享受，让我非常乐于去学习。"

当听到一支支动听的管乐曲那么整齐有力，那么振奋人心时，孩子们懂得了这是集体的力量与智慧的结晶。孩子们都有强烈的表现欲望，有的孩子比较聪明、悟性好、学得快，总想突出一下自己。而管乐团是一个整体，只有把所有人的力量融合在一起，才能吹奏出最美的乐曲。有的孩子在私下吹得很好，可是齐奏的时候却跟不上节奏，需要强化训练。这让孩子懂得，团结起来力量才是最大的，既要自己吹好，又要和大家步调一致，只有乐队每个人的劲往一处使，才能合奏出最为和谐动听的音符！

第1节　在困境中起步

管乐教学是课堂器乐教学的一个重要方面，是音乐教育中可以从侧面反映学校综合的教学质量、整体培养目标和办学水平的一个部分。史家小学从1995年开始管乐教育的开展，相比较而言并不是太早，就当时的条件来讲，也很难说完全具备。学校当时师资力量严重不足，家长的不支持也让管乐团人数难以保证。但管乐团是学校的窗口，关系到学校的声誉。音乐组的老师们接到组建管乐团的任务后，克服重重困难，从不会吹拉弹奏到精通，从凑合起来一个只为应付比赛的"草台班子"到率领一个全市知名的校园精品社团，历经17年的风风雨雨，不屈不挠，从不放弃，因为他们心底深埋着一个信念："能为学校争得荣誉，那是件光荣的事。"

管乐团创建伊始，很多家长害怕孩子参加管乐团会影响学习。他们苦口婆心地向家长解释，学习管乐不但不会影响学习，还可以开发孩子的智力，对学习也有间接的促进作用。他们还对家长说，学习管乐，在使孩子掌握乐理和演奏技巧的同时，更重要的培养孩子的毅力，吃些苦，对孩子是有好处的。就这样，家长逐渐放下了顾虑。参加管乐团的学生也越来越多，很快保证了排演曲目的人数，并且队伍越来越壮大。

接着，如何科学管理，又成为一道难题。

对于组团模式，管乐队老师们先后尝试过两种组队方法：一是组建管乐兴趣小组的模式，二是组建班级管乐团的模式。前者的优点是队员个人素质较好，有利于教学，提高也快；缺点是队员来自不同班级，组织排练因各年级课时安排差异而有困难。后者与前者相反，优点是有利于组织排练；缺点是个人素质参差不齐，整体演奏能力提高慢。

经过在实践中摸索，他们选择了第二种模式。因为就目前的小学生来讲，很少是自己学过管乐的，入团后都必须从零开始。同时，这也有利于班主任参与管乐排练的管理。这也带来了组队由哪一级开始较为合适的问题，很快他们也得到了答案——从小学三年级开始组队较适宜，因为若学生太小，气力不够；若在高年级组，则学生一学会就面临毕业，在校时间不长。

从三年级开始入团，孩子在管乐团的时间将近四年，又基本都是零起点，所以保证孩子们的有效学习非常关键。管乐团的老师制定了严格的制度，形成了有效的学习机制：从孩子一开始入团，就对其严格要求，怎么拿号包，怎么保养乐器，怎么上课，怎么练习，什么阶段演奏到什么程度，每星期怎么进行检查，一个月后怎么进行沟通，一个学期之后怎么跟家长进行汇报等等。管乐团要求学生自己每学期都要做一个规划，这学期吹哪些曲目，应该达到什么程度，完成什么。有了这个规划，学生自己就心里有了数，这样就保证了管乐团稳步顺利的发展。孩子在这样的学习过程中，也慢慢地按照教师的教学节奏进入到正规的专业学习渠道上来。

克服师资短缺的困难有多苦，只有音乐组的这些管乐团创始老师们自己心里清楚。多数是中等师范毕业的他们，几乎也是从零起点开始学起，在走过艰难的自学和互学互助阶段后，他们不断提高对自己的要求，聘请著名指挥家对管乐团进行专业艺术指导。管乐团的高侠老师详细讲述了这样的过程——

在一次汇报演出排练时，专家让高侠老师指挥，与孩子们先合作完成作品。然后，针对孩子合奏时出现的问题，和高老师指挥时出现的问题，分别进行指导，对其中的错误和不足各个击破。在专家发现问题、解决问题的过程中，老师和孩子都得到了具体的提高。专家还会将自己的示范，用视频的形式录下来，再由高老师慢慢消化每一个指挥手势。对于高老师来说，指挥乐团的经验并不足，她指挥的第一个管乐团是协助另一个老师进行的。这次高老师独挑大梁，一刻都不敢松懈。专家很详细地将指挥时需要的手势以及气息，包括歌曲的处理，详细标注在乐谱上，并且手把手地告诉高老师力度的变化。在这个过程中，高老师进步非常快，现在的她已经能够从容稳定地指挥好整个管乐团了。

正是这样一支为荣誉而战的"铁军"团队，以自己的汗水甚至泪水，赢得了一次又一次殊荣：

学校的管乐团每两年都会参加北京市东城区艺术节比赛，并一直获得一等奖的好成绩；2007年参加北京市艺术节比赛，获二等奖；2009年1月，乐团40名学生赴美国参加金龙新春大游行演出，并到核桃孔孟中文学校及当地一些中小学校进行交流活动；同年11月，史家小学建校70周年，百名乐团学生参加了管乐合奏演出，演出曲目《预言》，虽然曲目较难，但演出效果较好，得到了领导老师和家长的一致认可；2010年6月1日参加北京市少年宫游园活动，担任了迎宾管乐合奏演出和主会场少先队仪式的伴奏表演；2011年4月，五年级和六年级乐团分别参加北京市第十四届学生艺术节管乐比赛，五年级乐团比赛曲目《亚洲特选》《罗马风格》，六年级乐团比赛曲目《风的那边》《民间传说》，两个团的学生和老师通过不懈努力，最终，两团同时获得一等奖的好成绩，并获优秀辅导奖；2011年4月，乐团在保利剧院举办了专场演出，演出年级跨越了四年级到六年级三个年级，并邀请了学生家长和老师们共同观看，得到了大家一致好评。

第2节　在奋进中收获

随着管乐团的影响力越来越大，很多学生家长在功利心的驱使下，为了让孩子能有相应的艺术节比赛证书以便应对孩子小升初加分的问题，总是急于追求结果。而实际上，管乐团的老师，更注重的是孩子在乐团学习的这几年，意志品质的养成，演奏技巧的提高，以及对音乐理解力、表现力和感悟力的培养。所以，在平常的训练中，老师们不是向孩子灌输这个比赛要拿到怎样的名次，那个比赛要获得怎样的等级。更多的是，向孩子阐述这段音乐要表现什么，如何吹能够更好。

史家小学的音乐教师懂得，决不可去桎梏孩子的心性，让孩子疲于争夺名次就会失去管乐教育的真正意义。他们强调的是管乐教育过程中，拓展孩子的思维空间，助力孩子茁壮成长。

在史家小学管乐团的博客上，这些教师搭建了很多版块记录孩子的点点滴滴。有些家长特别喜欢给孩子录制视频，老师们就将视频放在相关影像的栏目；音乐知识板块，则让孩子在这里弥补自己音乐知识的短板，查漏补缺；欣赏板块是高侠老师最喜欢的板块，她说："我一直信奉的就是，孩子欣赏的多了，听的多了，他对音乐的感悟自然而然就多了，所以我就尽可能找一些很优秀的作品，甚至是正在排练的视频或音频资料放上去，给孩子真正的艺术熏陶。"此外，还有资讯板块，意在帮助孩子发现一些好的作品，好的音乐会，让孩子有渠道去了解和感受真正的音乐。在网络空间这个虚拟的课堂上，孩子们的艺术修养不断获得提升，艺术气质也渐渐在他们逐渐褪去青涩之后显现出来。

2011年3月，学校举办了艺术节管乐比赛，在天地剧场开了一个半小时的专场汇报演出。虽然不是标准的管乐团音乐会，但也是对孩子们的一种锻炼。当时，管乐团内三个乐团轮流上台表演。其中，最大的六年级团队要上两回舞台，其他年级都只上一次。轮到某个乐团的演员表演时，大家就坐在舞台上面演奏。不演奏时，就下来坐在观众席上听。这样低年级就听高年级的怎么演奏，聆听他们是什么水平。孩子在这种互相欣赏中比较，在比较中找到差距。从不同年级的演奏曲目、演出状态，以及演奏的技巧和难度中寻找目标，在这种最直观的耳濡目染中，他们的才艺得到锻炼与提升。

管乐团有个吹次中音号的孩子叫郑清扬，刚开始的时候，他非常不喜欢次中音号。父亲和他打赌，只要他在吹次中音号的四个孩子中吹得最好，就可以去学其他感兴趣的专业。清扬经过自己的努力，终于达到了与父亲之前立下的目标。

管乐团赵亚杰老师发现了清扬与父亲打的赌，就对清扬说："清扬，你真了不起，连自己不喜欢的事情都能做得这么出色，相信你的能力一定很强。"清扬听到赵老师这样的夸赞，转变了之前对次中音号的逆反心理，并且进一步有了更强的表现欲。现在的清扬，在管乐团里，次中音号依旧是吹得最好的。

管乐团中长号的声部一般都是比较弱的，高侠老师和温丽丽老师常常需要利用午休的时间，跟孩子们一起练习。有一次，学校在全校范围内举行合唱比赛，高老师将几个吹长号的孩子集合起来，专门为这次合唱比赛配伴奏。在比赛的时候，个别班级舍弃了钢琴伴奏，也不用范唱伴奏录音，只让这几个吹长号的孩子进行演奏，孩子的积极性都非常高，他们觉得通过自己的努力，还参加学校的会演，非常自豪。

高老师通过与孩子这段时间的"加餐"练习，慢慢地发觉，在自己的指挥过程中，当老师的眼睛看到长号的时候，孩子就将长号端得直直的，平平的；或者，在高老师给长号提出手势要求的时候，孩子们都会竭尽全力地做到要点。是呀，老师与孩子在共同加练的辛苦付出过程中，增进了感情，心是往一处使的。高老师想，这要放到之前，孩子们总是低着头自顾自地吹长号，和老师也不会有交流。此时的他们已经能够做到主动严格按照老师的要求去做了。

在这个长号团里，有个叫小博的孩子，思维很活跃，个人条件、长号技术和音色都不错，就是爱迟到，爱说话，比较贪玩，课堂上比较调皮。但是，自从他担任了学校举行的班级合唱比赛的伴奏后，就有了一种成就感，非常希望在大家面前更多展示自己。所以，小博私下里找到高老师，希望她能够给自己单独加小课，练习演奏一个长号独奏曲。他在有了一次上台演出的经历后，变得积极主动，并且对自己喜欢的能坚持到底，这样的品质感动了高老师，也让高老师思考良多：一个孩子若是拥有了舞台经验，也许能够为他创造出更多的艺术动力。

第 10 章
美　术

　　经常有其他学科的老师羡慕地对美术老师李阳说："你们美术课最好上了，不用从头讲到尾，学生兴趣自然有，上课轻松又愉快。"李老师却认为，要是真能让每一节美术课轻松愉快又有良好的效果，这个美术老师的造诣可非同一般。美术课要想上好，还真不是那么容易，课前的精心准备，课堂的情景创设、环节安排、个性辅导、多样评价以及课后的反思，等等，一样都不可少，都需要美术老师下工夫来思考、推敲。

　　比如在《变脸的太阳》这一课里，为了创设故事情境，让课堂更有氛围，李老师先后为学生准备了动画片《后羿射日》和《哪吒传奇》中的动画片断，另一位老师在《找妈妈》一课中，也为学生播放了动画片《小蝌蚪找妈妈》的片段，这些影片在课堂气氛的烘托上起了很大的作用。在上《可爱的家》这一课前，李老师布置学生搜集家中装修后和家人在家中的温馨合影，把这些来自于学生自己的照片做成课件，在课堂上播放，使学生有身临其境之感。在上《勤劳的蜜蜂》和《北京小吃》这种课之前，李老师还广泛查询、了解有关蜜蜂或北京小吃的相关知识。教师在教授每一堂课前，除了有形的课堂资源的准备之外，更要准备其他相关的多方面的知识。

　　而对于孩子们画作的批改、评价，更应该有多重的标准，要善于发现他们画作中闪光的东西。实际上，在所有小学的艺术课程中，小学美术是最能够体现出创新性和想象力的。为什么呢？音乐有临摹、学唱、翻唱的过程，因为孩子不可能从一开始就会作曲、创作，他必须首先学习优秀的曲目，学到位，学得像，才有可能进行音乐的创作。

　　而美术则不同，如果一个孩子说自己比达·芬奇还达·芬奇，能够将蒙娜丽莎的画像画得栩栩如生，那么他只是一个画匠，其作品充其量是一个优秀的复印件。对于美术来说，强调的就是创造力。只有孩子将自己所有的知识水平、认知水平反映到一张画作中，那么这幅画就是独一无二的，就是创新的。相反，一个班级里每个孩子的画作表现的人物都是一个模子刻出来的，颜色、线条、粗细都不差分毫，那么这节美术课就是失败的。所以说，美术在培养创新能力方面和孩子个性塑造上，是别的学科不可替代的。

第1节　激发学生对美术的热爱

　　美术是孩子成长的一个过程，无论他有没有天赋。他必经这样一条路——因为只要孩子拿起笔，他永远不是先写字，而是先画画：从幼儿园到小学一二年级，学生基本上都经历着这样的涂鸦过程；在孩子一二年级时，老师将继续引导孩子这种涂鸦兴趣；到了三四年级，老师就要坚持将这种兴趣转变为美术特长了；如果孩子直到五六年级还坚持绘画，那么在学生热爱的前提下，老师一定会将美术的真谛传承下去。

　　学生的兴趣需要教师一点一滴的启发和引导，不是一蹴而就的过程。黄浩老师认为，美术学科的部分价值在于培养人的技术意识。学生的情感态度、思维想象最终要靠手头的表现力来传达。只有想法、创意，没有一定的技巧、技术不行。然而，好多学生说自己不会画，不敢动手或不愿意动手。

黄浩老师分析学生不动手有几种情况。一种是确实不会画，不知道从何入手。黄老师就先安排简单的内容，就是一些基本形状，比如类似于圆形、方形、三角形的形状，大家就能动手画了。随着教学内容的深入，要表现的对象的难度加大，黄老师就把稍微复杂的形象简化。比如说画一个小孩，先画一个圆形作为头的基础，问学生会不会，没有人说不会；再画一个长方形作为上身，双腿和双臂也画成长方形，脚手都概括为半个椭圆形。这样，大家就都能画了。水平高的、控制力强的学生可以在这个基础上深入画下去。比如脸部在原有的圆形基础上画出一些凹凸，简单示意出骨骼肌肉变化；把手分成四份，加上一个大拇指；观察同学，展开想象，画出自己喜欢的发型、漂亮的衣服和鞋子。这样能让学生学习由整体到局部的绘画方法，也体现了分层次教学的要求。

还有的学生只是画个大概就不想再继续。黄老师就拿着笔，耐心地给他做示范，告诉他线条可以慢一点，把形状画得细致一些，颜色涂得不要那么快，认真地一点一点地涂。通过反复的示范，很多同学的作品有了改观。

还有一种是不太认真的学生，比如小坚，老是玩，不愿意动笔，黄老师一直没有什么办法。有一回做手工，不知道为什么他做得挺认真，剪得很细致，还要送给黄老师，黄老师很高兴地表扬了他，夸绿色的芽剪得认真，形状清楚，小十字也贴得精致，表扬落到实处，不说没有的优点。有一天画卡通形象，小坚画得不错，黄老师鼓励他说："画得很好，形象的特征都抓住了。我们课上的东西并没有这么难，这个你能画好，课上的内容你更能画好。"黄老师认为这样的学生，就要随时关注他们，注意利用一切可以利用的机会来表扬他们，让他们有更大的兴趣来学习。学生的情况多种多样，应该具体问题具体分析，采取多种手段来解决问题，先让学生动起手来，再求画得好，进而产生浓厚的兴趣。

史家小学的画苑里始终有不间断的画展，在这里举办的画展，并不是哪个名家先生做展示，而是史家小学的孩子们自己画的。这种个人画展的形式首先由孩子自己申报，然后学校审核孩子是否具备这方面能力，以及画作数量是否达到举办画展的标准。如果申报成功，学校会不遗余力地帮助孩子实现办画展的梦想。

在史家小学开办个人画展已经形成了一个传统，迄今为止已经举办十届了，第十届画展的孩子是六年级的张九宫。在2012年上学期期末考试之前，九宫找到美术老师张跃东，提出要举办画展。张老师看到了他的画，发现很有意思。他的画篇幅是所有的展览里最小的，也就是A4纸那么大，但也是最有意思的，这些画作都是九宫随手涂鸦的，然后孩子把自己的感受，拿文字标注在旁边。

比如他跟爸爸（他父亲也是学美术的）去外面布置场地，搭台演出，觉得爸爸特别辛苦，困了躺在布景台上就睡。九宫就画了一张画，旁边写着爸爸因为做什么事儿，所以辛苦了。张老师觉得这样的随手涂鸦表达的是孩子内心真实的东西，最令人为之动容。后来，九宫的画展顺利举行了。现在九宫的画已经出了一本书，家长也非常珍惜孩子这颗热爱艺术的童心。

张跃东老师说："优秀美术课标准，第一必须传授美术知识，第二必须要学生在技能知识上有收获，第三老师也得跟学生和谐相处，并且老师也能得到提高。"在教学中，学校的美术老师发现低年级的学生特别喜欢上美术课，他们把美术课当作一种游戏活动，没有明确的学习目标，纯粹将美术课视为好"玩"的课。但随着年龄的增长，学习任务加重了，认知能力与表达能力之间差距越来越大，美术课也变成了一种学习负担，大部分学生对美术课的热情开始逐渐减退，甚至完全没有了兴趣。针对如何调动学生的学习兴趣、引导学生自己学习，美术老师们进行了许多尝试。

渐渐地，他们摸索出了一套切实可行的方法。一方面他们在教学中注意培养学生的观察思考能力，尽量做到精讲、多思、多练。另一方面，通过在教学中注意反复引导孩子们对描绘对象的观察分析和理解，促进他们的思维活动，增强他们的感知能力。

美术组的李阳老师曾经接到一个任务，就是辅导三位参加《笑傲天宫》绘画比赛的孩子。三个孩子中有个女孩叫小潘，始终沉浸在自己的不愉快情绪之中，甚至当看到其他人讨论得热烈的时候，她竟然赌气走到一边，低着头面壁站着。

李阳老师就过去拉着小潘的手，眼睛专注地看着她，故意绕开话题，把刚才讲的天宫一号和中国航天事业又给她讲了一遍，另外两个孩子也在一旁帮着讲解。李老师鼓励小潘展开想象，展望我国的航天事业在今后的 20 年乃至 50 年后会是一种什么样子，画一幅科幻画，并把小潘以前画过的一幅关于宇宙的科幻画调出来，结合天宫一号继续和她聊今天的话题，为她设想了几种不同的场景构图，启发她的创意思维。最终，小潘画出了极具想象力的画。

这样，教师通过对于有奇思妙想的孩子进行鼓励与表扬，让其在探索过程中认知，在观察中分析感受，不断得到知识的累积，完成满意的画作，从而体会成功的喜悦。

《笑傲天宫》

当然，教学中教师宽容以待，用人格魅力感染学生也很关键。美术教师张跃东说："关心每个学生，为每个学生提供适合的教育，是史家小学和谐教育的一贯要求。"王欢校长也表示：将继续为每一个具有发展潜质的孩子进行成长指导，为孩子的一生发展奠基，播撒健康的生命种子。这就要求教师要宽容地对待每位学生的失败和挫折。

有些学生天生聪明，但有的学生在学习上就没有那么幸运，反应有些迟缓。面对这样的学生，教师不能心急，要在课堂上给这些孩子一些意想不到的鼓励，给这些需要自信的孩子增加勇气和信心。另外，教师在教学中也应关心和爱护学生，以自身的人格魅力而成为学生乐于亲近、乐于仿效的老师，从而让学生亲近自己所教学科。

在美术课中教师要把教与学的关系辨证统一起来，老师不仅要研究如何教，还要研究如何让学生爱学、会学。美术课中的学，不仅要体现在教师教会学生学习美术基础知识、基本技能，还要体现在教会学生如何观察、思考、记忆、想象、表现和创造的学习过程中。在课堂中，教师面对全体学生，要给他们学习的自信心，尊重他们与众不同的感受，从而调动每个学生的求知欲，培养他们的学习能力。

有一次，张跃东老师刚进入教室，习惯性地关门准备上课。就在关门的刹那，他的手碰到了旁边一个男孩的眼镜。张老师没意识到，继续讲课了。可是，没过两分钟，这个男孩"蹭"的一下站起来说："老师我特别看不起你，我觉得你特别不懂礼貌。"张老师愣住了，诧异地说："同学，我怎么了？"

旁边一个孩子解释道："老师，刚才你关门的时候碰他眼镜了，他觉得不舒服。"张老师随即就向那个孩子主动承认错误，说："对不起，我刚刚关门没有注意到，造成了你的不方便，请你原谅！"

等到下课的时候，这个男孩感觉好些了，拿着东西往外走，张老师见到说："刚才老师确实没有看到，我再次向你道歉！"虽然这是个无意之举，但老师的宽容对待，足以让学生宽心。老师与学生是平等的，一定要在相互尊重的基础上进行交流，坦然承认自己的错误，用自己的人格魅力感染学生。如今，这个男孩见到张老师非常亲近，因为他觉得张老师是自己可以信赖的老师。

实际上宽容以待不仅体现在教师对待学生上，史家小学对待老师也一向宽厚，学校非常支持各种美术类比赛、活动，鼓励老师们积极参加全国教学的观摩，积极推进老师的外联讲座，"走出去"的发展步伐将史家小学的精神也播撒至全国各地。譬如，张跃东老师就曾带队去内蒙讲课 10 天。每年，史家小学都会在不同的学校之间开展教师的交换或者交流，这种在不同省份各兄弟学校间的交流，不仅吸取了不同学校的办学经验，还以海纳百川的胸襟，塑造了史家小学特有的"校格"。

第2节　引导学生描绘生活中的美

在史家小学的《美术课程标准》中，特别强调：将美术课程内容与学生的生活经验紧密联系在一起，引导学生在具体情境中探究与发现，选择有利于学生发展的美术知识和技能，培养学生的人文精神和审美能力，使学生对美术学习的兴趣转化成持久的情感态度。

美术是人类文化的一个重要组成部分，与社会生活的方方面面有着千丝万缕的联系。而史家小学美术课堂上的《画画古树》一课，就是让学生接触生活、感受自然、提高学生绘画表现能力的课堂典型。学习最终的目的，都要服务于人们生存的需要，学习美术更是为了美化生活、创造人与自然和谐相处的环境，进一步提高人的审美力，人格的完善，从而也就完善了生命。

那么，现在就以《画画古树》这课为例，向大家演绎史家小学的美术课堂实现和谐引领的过程。

教学案例10.1　**美术课堂《画画古树》**

一、学生

史家小学三年级的学生，在学校的低年级部（史家胡同校址）学习生活有两年多的时间了，他们对校园环境很熟悉，操场上的一草一木学生都能记起来。尤其是他们每天进入校门，走向教学楼的路上矗立着一棵树龄160年的槐树，史家的老师和学生们对这棵槐树有着特殊的感情。人们称呼它"大槐树"，这其中带着深厚的情感。

古树是城市文化不可取代的重要组成，北京的古树更是有着悠久的历史和本土文化氛围。在可持续发展理论的指导下，老师将目光关注到学生身边的古树上，引导学生发现古树、了解古树的知识、增强保护古树的意识，让学生身边的古树走进他们的生活。学校的古槐树无声地矗立在操场上并不表示它没有生命，在我们置身于树阴下时应该让学生去发现、去思考、去行动，这样也正是体现了可持续发展的关注环境的原则，在解决问题的行动中，张跃东老师将校园中的古槐树请进了三年级的美术课堂。

二、主题

《画画古树》这节课中，有着潜在的德育育人点。北京是世界上拥有古树最多的城市之一，东城区在保护古树方面作出了很多的贡献，史家小学校园内就有一棵古槐树，这些都是对三年级学生进行品德教育的点。

我国著名的艺术教育家丰子恺先生曾这样说过："人民每天瞻仰这样完美无缺的美术品，不知不觉中精神蒙其涵养，感情受其陶冶，自然养成健全的人格。"他还说："我教艺术科，主张不求直接效果，而注重间接效果，不求学生能作直接有用之画，但求涵养其爱美之心。能用作画的一般的心来处理生活，对付人生，则生活美化，人世和平。此为艺术最大效用。"

虽然是对学生加强品德教育，但张跃东老师的看法是，首先不能将美术学科的本质丢掉，美术课程是将美术知识与技能传授给学生，这是美术课的主旨，其次是要结合美育进行德育，根据内容选择适宜学生接受的方式，或直接明了，或润物无声，最后品德教育的成果要反映学生的课堂作品之中，形成相互促进、事半功倍的效果。

三、细节

（一）课前准备

课前，张跃东老师首先在教师和学生中进行了有关校园古槐树知识的随机调查。原来教师们对这棵古槐树了解得也不多，他们知道这棵树是槐树但不知道是哪一种槐树，也说不清树龄。三年级的学生们对这棵古树更是了解甚少。从调查结果看，校园中的这棵古树并未引起教师和学生的注意，大家还没有"发现"它。

随后张老师进行了三个方面的准备工作。第一，走访学校的老教师和自然教师，了解古槐树的历史和确认树龄。被学校返聘的特级教师孙蒲远老师告诉张老师，学校成立已有70年了，她年轻时听老教师说"学校成立时这棵槐树就有一百多年的树龄了"。所以估计这棵树应该有160多年的树龄了。学校从事多年自然学科教学的杨老师也肯定了孙老师的推断，还告诉张老师这棵槐树是国槐，是北京的市树。第二，查找有关古树名木的界定标准。从北京市园林局的网站上查找到了《北京市古树名木保护条例》，条例中规定："树龄超过一百年的树木为古树。凡树龄超过三百年的古树为一级古树，其余为二级古树。"第三，寻找与三年级美术教材中《画画古树》一课教学要求的切入点。在北京市21世纪美术教材（人民美术出版社版）第六册中有《画画古树》一课，这一课的教学目的是让学生感受古树的美，表现古树的美，从而增强学生保护环境的意识。

（二）课堂教学

经过以上的准备，《画画古树》走入了三年级的美术课堂。课堂上，教师首先播放学生早上进校的录像，从熟悉的校门到操场，而后画面定格在校园的古树上。教师说："它矗立在我们的校园中，夏天它的树阴为同学们遮挡阳光，秋天又给我们的校园增添一笔美丽的色彩，这就是大槐树。"学生们立刻将注意力集中到了大槐树上，张老师接下来说："这棵大槐树就生活在你们身边，你知道它有什么故事吗？"经过启发，学生们想起了许多有关这棵槐树的事情。如："去年冬天下了一场大雪，第二天早上大家看到大槐树的树枝被压弯了，还有被大雪压断的树枝散落了一地。""在上体育课时看到从树洞里钻出来的松鼠，一直跳到树叶上面去"等。当问到大槐树的品种和树龄时，学生们都在摇头，此时张老师利用教学课件向学生介绍了古槐树的知识，随后引入槐树的表现技法学习。出示了古槐树的照片后给展示的是槐树树干的拓印作品，意在让学生观察树皮粗糙的纹理，最后演示了树干的表现方法。经过自学，学生还发现了古树的其他特征如树干粗壮、树根发达、树冠宽大等。

绘画的重难点讲解完了，张老师带领着学生走出教室，来到操场，围坐在古槐树旁，将有关古树的知识向学生做了介绍，此时学生们的情绪十分兴奋，因为他们发现了自己身边就有着悠久的历史和深厚的文化。这时张老师将作业纸发给了学生们，开始了写生创作。课堂小结时，张老师带领着学生走近了古槐树，让他们闭上眼睛倾听树叶的声音、呼吸树枝的气味、抚摩树干的质地，此时有的学生把古槐树紧紧地拥抱在怀里，有的学生把自己的脸贴在了树干上……张老师的教学潜在目标达到了，学生们已经把古槐树当作了自己的朋友。

（三）其他方面

《画画古树》这节课上选用了一首歌曲和一首乐曲，因为此课属于北京文化特有古树内容，所以在音乐的选择上也花费了一些心思。课堂上学生完成作业有两个环节，绘画创作古树和剪贴古树作业，在学生绘画的时候，学生要思考后再动笔表现古树特征，所以此时不宜播放带有歌词的歌曲，在此选择的是欢快的乐曲——《让我们荡起双桨》。在学生剪贴古树作品的时候，选择的是一首说唱形式的儿童歌曲《我家住在北京城》。尤其是这首歌曲的播放，更加增进了学生对北京情感，歌中唱出了学生的自豪感，"我家住在北京城，过了前门还往东……花儿开，鸟儿鸣……我爱北京，我在这里生，我在这里长，我骄傲，我自豪……"这样的歌词唱出了学生心中的自豪感，课堂上的氛围上升到了最高点，所以这首《我家住在北京城》起到了画龙点睛的目的。

四、结果

学生当天的写生作业效果很好，张老师将其中优秀的作品在学校美术展栏中作了展出。以后的几周里，三年级的学生主动找到张老师，告诉张老师说："我们家的院子里也有一棵古树，是柳树……""我星期天去天坛公园看到有的人在古树上蹭身体，这算不算破坏古树？"

```
┌──────────┐    ┌──────────┐    ┌──────────┐    ┌──────────┐
│ 校园内的  │───▶│ 东城文化馆 │───▶│ 北京城内著 │───▶│ 学生创作  │
│ 古槐树    │    │ 的古树    │    │ 名的古树  │    │ 古树作品  │
└──────────┘    └──────────┘    └──────────┘    └──────────┘
     │               │               │               ▲
     ▼               ▼               ▼               │
┌──────────┐    ┌──────────┐    ┌──────────┐    ┌──────────┐
│ 学校内    │───▶│ 东城区    │───▶│ 北京市    │───▶│ 未来北京  │
│ （现实）  │    │ （现实）  │    │ （现实）  │    │ （虚拟）  │
└──────────┘    └──────────┘    └──────────┘    └──────────┘
     │               │               │               ▲
     ▼               ▼               ▼               │
┌──────────┐    ┌──────────┐    ┌──────────┐    ┌──────────┐
│ 回忆——    │───▶│ 关注——    │───▶│ 认识——    │───▶│ 创造——    │
│ 新身体验  │    │ 保护实例  │    │ 和谐自然  │    │ 美好未来  │
└──────────┘    └──────────┘    └──────────┘    └──────────┘
                                                     ▲
                                                     │
┌──────────┐    ┌──────────┐    ┌──────────┐    ┌──────────┐
│ 亲切感使  │───▶│ 自豪感让  │───▶│ 荣誉感促  │───▶│ 责任感至  │
│ 学生放松  │    │ 学生自信  │    │ 学生情感  │    │ 情感极点  │
└──────────┘    └──────────┘    └──────────┘    └──────────┘
```

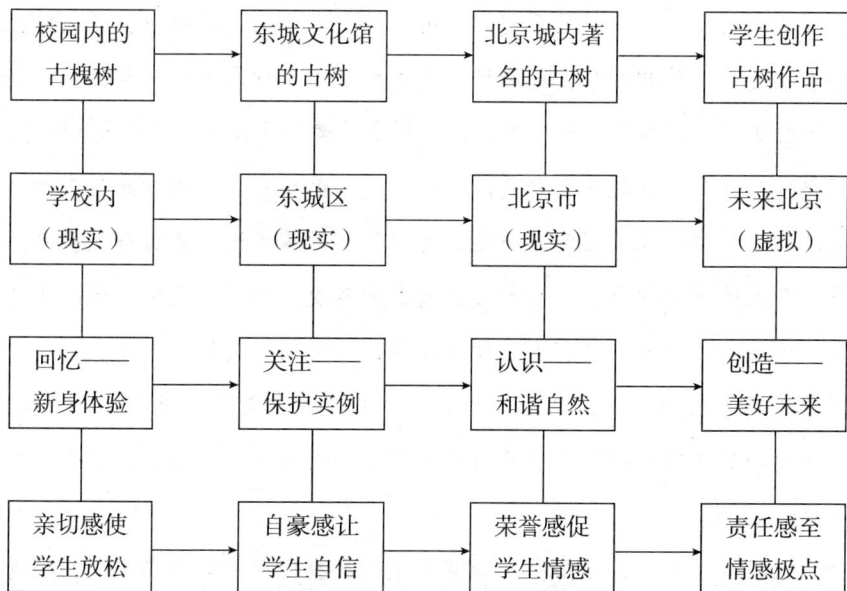

《画画古树》教学思路

学生发现了古树，也就是发现了生活，发现了生活中的美，更是发现了生命的价值。就像新的《美术课程标准》中提出的："美术是人类文化的一个重要组成部分，与社会生活的方方面面有着千丝万缕的联系。"古树是古人栽种并保护才得以生长到今天的，我们要得到可持续的发展就要保护好地球上的一切自然生命，尤其是保护其他生命时，要跟保护我们自己的生命一样。

五、评析

美术课程作为一门艺术文化课程，是培养学生审美素质和能力的重要渠道。特别是通过形象思维的发展开发学生的创造潜能，训练学生敏锐的眼睛和聪明的大脑，有着本学科特殊的优势。学生的审美认知规律和活动要经过在自己的生活世界中发现美和认识美，欣赏美和感受美，表现美和创造美三个阶段，这三个由初级到高级的发展阶段，既是对世界万物中美的认知过程，也是进行艺术创作的一种思维和实施过程。这个过程主要是培养人的两种能力，首先是对美的欣赏、分析和感悟能力，将原认知提升，知道什么是美，为什么美，美在哪里，由此产生表现美的冲动。其次是在感悟的基础上，运用不同的艺术造型语言符号抒发感受。艺术的灵魂在于感悟和创造，美术的表现力应该是主观意识与生活实际的结合，通过去伪存真、概括提炼，表现物质美的本质特征，而不单单是对原物的再现，这就是创造美。中外许多名作之所以流芳百世，正是对美的成功挖掘才与观赏者产生视觉和情感上的共鸣，其魅力经久不衰。

认识到了审美的认知和活动基本规律，我们就明确了美术学科的思维方式和关键能力。用审美的意识去看事物，抓特征，将看到的物和事在脑中"活"起来，运用和创造适合表现物象特征的各种符号再现美，将自己的感受传达给别人。所以，美术课程的价值就在于：①陶冶学生情操，培养审美意识；②承担着文化的传承和交流；③发展学生的感知力和形象思维能力；④形成创新精神和技术意识；⑤促进个性的形成和全面发展。

在《美术课程标准》中特别强调了：将美术课程内容与学生的生活经验紧密联系在一起，引导学生在具体情境中探究与发现，选择基础的有利于学生发展的美术知识和技能培养学生的人文精神和审美能力，使学生对美术学习的兴趣转化成持久的情感态度。基于美术课标确立的这种理念，分析张跃东老师的《画画古树》这一节美术课，有以下几个亮点。

（1）教师把握住美术学科的认知规律进行了科学、精心的设计，整节课的教学思路清晰。

《美术课程标准》将学生的美术学习活动方式划分为"造型·表现"、

"设计·应用"、"欣赏·评述"和"综合·探索"四个学习领域，这四个学习领域有着内在的渗透和联系。这节美术课主要涉及"造型·表现"领域，指导学生运用线描的造型手段表现出古树的特征，揭示出古朴的美。教师设计的学生学习活动是从校园中的古槐树入手引入，认识古树，再通过对北京古树的欣赏，分析古树的基本特征，获得关于古树的知识，感受到古树的美。指导学生用线描画一棵自己喜欢的古树，最后学生将作品汇集到一起组合成古树园林，师生一起合影，在对学生作品的展示、欣赏和评价的活动中，同学们喜爱北京古树的情感得到升华。教师充分运用学生的原认知，以问题为导向，引导学生在解决问题的过程中获得知识和技能，一环扣一环，层层深入，形成了发现、认识、欣赏、感悟、实践、展示、评论这样一条学习主线。这就抓住了造型是表现的基础，表现通过造型的过程得以实现的内在关系，体现出教学的层次和深度。

（2）教师注重美术课程与学生生活经验的紧密联系。

生活是进行艺术表现和创作的源泉，学生的美术学习活动只有进入到他们的生活世界，与他们的所见所闻相关联，才能够引发学生的学习兴趣与愿望，使认知得以深化。这节课，教师从学生们最熟悉的校园中的老槐树切入，一下拉近了本课题与学生的距离，孩子们在校园中和古槐树朝夕相处，既看到一年四季槐树的变化，又在树下谈心、看书、游戏、乘凉，在孩子们的心目中槐树已经成为他们的朋友，自然就引起对古树研究的兴趣。随即教师又把学生的视角引到北京的古树，欣赏戒台寺的卧龙松，潭柘寺的银杏树等等。（包括课前让学生到公园观察古树、拓印古树的花纹。）对于古树，在孩子们的眼里可以说既熟悉又陌生，在平时的生活中他们看到过，但是这种"看"还只是一种身体本能的看到、看见，用审美的眼光去审视，用探究的思维去思考古树中蕴含的知识，他们还没有这种意识和能力。这节美术课正是起到了训练和培养这种意识和能力的作用，古树生长了多少年？古树怎样鉴别？北京的古树有哪些树种？古树的特征是什么？他们为什么能生存到现在？许多有趣的问题在这节课里孩子们都找到了答案，体现出美术课程不仅仅是一种单纯的技能技巧的训练，而是一种文化的学习和传承，在对未知的探索中孩子们开始接触到了北京的古树文化。在对古树相关知识的获得的同时，教师强调了用审美的眼光感受古树的形象特征，粗壮的树干、粗糙的树皮、美丽的树皮花纹和发达突起的树根，潜移默化地激发学生感受百年古树历经沧桑，饱经风雨的那种自然古朴之美。经过这节美术课的学习，古树在学生的眼睛和脑子里形象鲜活起来，学生用线描画自己喜欢的古树，自然而然地就有情有感、游刃有余了。所以，美术教师在设计每一节课时，要善于挖掘和利用广泛的教育资源，从学生的生活中找切入点，有效地利用学生的已知同化新知识，达到知识的建构。

（3）在学习过程中，注重调动学生的各种感官，多角度地参与体验。

感知觉是思维的必然前提，教育家夸美纽斯在教学论中强调："知识的开端必须来自感官。"教师要在一切教学中普遍地运用直观教学，不仅要使学生认识事物，同时还要使学生参与活动，理解事物。本节课，教师调动学生用眼睛观察古树的特征，用手摸一摸粗糙的树皮，用"抱"和"推"的动作感受树干的粗壮和根系的发达牢固，用拓印的方法收集树皮纹理形成的花纹，用语言表达自己的认识和感情等等。整个学习过程都是学生在参与寻找、感受和认识物象的特征。这样的学习活动设计不仅仅是形式上的变化，而是抓住了小学生的认知特点，变单一的讲授为学生广泛地参与，丰富了学生的视觉、触觉和审美经验。这样，课堂上学生获得的知识不单单是听来的，而是在各种感官的亲身体验中获得了综合的主体形象，并且形成了概念，加深了理解和记忆。所以教师在教学中要真正地把学习的权力交给学生，听到的知识不一定理解，只有

校园内的古树

张跃东老师和学生以及他们的作品

看到、经历和感受过的才能在理解中加深记忆。

（4）"情"融于整个学生的学习活动中，使得美术技能的学习成为有本之源。

本节课以"情"作为主线，对于学生情感的激发教师不是说教，而是含在教学的各个环节中。首先，老师运用了许多激"情"的语言，像"我们学校的这棵老槐树都生存了160年啦，我们怎样称呼和对待它？""这些古树为什么能生存到现在呢？""古树的年龄这么长，他们有顽强的生命力，有粗壮的树干，突起的树根，树皮上有美丽的花纹，你也画一棵你喜欢的古树好吗？""看到这么多古树，你想对古树说些什么呢？""你想对自己身边的同学和听课的老师说些什么呢？""咱们一起在古树林前合个影吧！"等等。其次，教师引导学生欣赏北京古树的风貌，讲保护古树的案例，通过感官亲身体验古树的特征，对树皮纹理花纹展开想象，播放歌唱北京的歌曲等等，都是在"情"上做文章，让学生感悟到北京的古树文化，古树是珍贵的，古树是美的，古树的生存与人类的活动息息相关。这样就在潜意识中使学生感到要爱护古树，保护我们的生存环境。这种"情"的激发是学生画好古树的一种无形的动力，使得单调枯燥的描画变成有情有感的创作。如果老师在每节课上都注意"煽情"，让学生"动情"，那么课堂教学结构就会不但有强健的肌骨，还会有流动的血液，使得整个学习活动丰满起来，活起来，学生的受益就不仅只是知识与技能，而是审美品位的提高和健全人格的逐步形成。

老师对学生这种情感激发的主要目的是让学生感受美，并有表达美的欲望，在掌握一定表达技巧的基础上学会运用和创造适合表现物象特征的各种符号再现美，将自己的感受传达给别人。在激发情感的过程中，教师重视引导学生认识和思考如何用学过的线描技法表现古树的美，例如：欣赏名家的作品，认识线的运用，教师通过演示反复强调依据古树的特征用线，在指导学生画画时及时点评典型作业，学生在评价作业时，教师引导学生评论如何用线表现古树的美。使得学生通过本节课的绘画实践活动，锻炼用线描方法表现事物的能力。总之，《画画古树》这节美术课，较好地把握住了教学中的三个维度，充分体现了课堂教学实效性，以及史家小学的老师们致力于用和谐引领的方式，带领孩子寻找美术的最终价值。

第3节　实现教学中的人文关怀

美术学科由于自身的特点决定了其在教学中必须实施和谐教育。和谐产生美，和谐是一切美好事物的最大特征。美术课堂中和谐的教育氛围，对于激发学生主体学习美术的兴趣，增强意志品质的锻炼，构建良好的情绪情感，完善心理人格因素，起着举足轻重的作用。和谐教育能够完善学生的主体，完善了学生的主体就是完善了学生的生命。

美术教育不仅仅是知识技能的传授，更是一种人文精神的传承，美术课程也是一种人文课程，对学生的健康成长有着重要意义。人文精神指的是一种高度重视人的价值观的思想态度，它是人本教育的核心，是史家小学倡导"以人为本"的教育思想。

1964年时任人民日报主编的邓拓先生向国家捐赠了145幅作品，在这些捐赠的作品中最著名的一幅就是苏轼的《潇湘竹石图》，这幅画要放到今天拍卖的话，肯定是一件无价之宝。捐赠当时，邓拓先生刚写完《燕山夜话》与《三家村札记》，不想他迎来的却是政治上的批判，但他还是义无反顾地捐赠了那么多的艺术作品。张跃东老师认为这是能说明一个人的境界的。

张老师看了"邓拓捐赠画展"，深为邓先生事迹感动，随后又带着学校美术组的 9 位老师去参观学习。等老师们参观学习回来，大家就利用史家小学的"蓝天博览课"，组织学生去参观这个展览，每一次带一个班的学生，每位老师带四五个孩子。回来以后老师将自己对这个展览的印象、认识，给学生再讲一遍。

史家小学师生参观学习"邓拓捐赠画展"

美术组的王家庆老师，还做了一个专题讲座叫"走进收藏"（因为小学美术教材中有该课程规划，同时艺术收藏在当今社会也比较热门）。王老师在他的讲座中提到了邓拓先生，他说邓先生不是为了收藏而收藏，而是"身为物主不为奴，君爱文明非爱宝"，意思就是：虽然邓先生把这些艺术收藏看得很重，但他不是收藏品的奴隶，他将自己的收藏都捐赠给了国家。这样的举动令老师们深受感动，学生们听到这样的事迹也是潸然泪下，打心眼里尊敬无私捐宝的邓先生，真正感受到艺术的人文精神。

史家小学的美术教育面向全体学生，以学生发展为根本，培养学生的人文精神和审美能力，为促进学生健全人格的形成和全面发展奠定了良好的基础。

对史家小学而言，美术教学最根本的变化将是体现以学生发展为中心的美术学习方式的变化，由此使美术学习变得更加轻松、丰富多彩、活泼多样，同时，也使美术学习密切联系学生个人的成长环境和生活经验。

正如赵晶老师所说："创造美的东西，即使是最简单的设计模型、烹饪一道菜，只要遵循孩子本身的想法，发散思路，鼓励孩子们，就能做出最好的作品。"

劳动技术学科具有"以劳树德、以劳增智、以劳强体、以劳陶美、以劳创新等促进学生全面发展的综合功能"，为了切实提高劳动技术课的教学质量和效益，发挥其在素质教育中的特殊功能，史家小学将"爱劳动、会动手、能设计"作为劳动技术学科教学的总目标。与很多学校不同的是，史家小学实现这一目标的原点在于，遵循孩子本身的想法，创造美的东西。

第1节　更新教育观念和教学方法

与以往劳动技术课采用"教师讲解示范——学生模仿练习"传统的模

仿教学方法不同，史家小学将劳技学科纳入到艺术学科门类，采用启发式教学。这样大大激发了学生学习的积极性，刺激了学生大脑的思维活动，让他们手脑并用，培养起他们协调发展和创新设计的能力。

在史家小学教师眼里，劳技本身就是一种艺术形式，相比其他的艺术学科门类而言，它更多地突出了动手的能力，并且在手脑并用的过程中，找寻到了美的感受。这其中经历的设计与制作的过程，对于孩子来说，更是一种观念与知识的洗礼过程。因此教师在当今的劳技课程中，要与时俱进，不断更新教学方法。

之所以把劳技学科纳入到艺术学科门类，是因为劳技教学更侧重于审美的实践，与美术学科联系也非常紧密。拿劳技课程中插花为例，孩子们要想完成自己的劳技作品，首先要对花材有大概的了解，对于花材的选择也要有自己的目的性，同时要明白花的寓意，包括如何运用自己学到的劳技技能保持花束整体的平衡稳定。这方面的知识囊括在技术性的知识里。但如果说，从颜色、长短的搭配来看，就更需要孩子自身拥有一种审美的能力和审美的情趣了。这一点又和美术类学科融合在一起。所以，很难说劳动技术这门学科，只是原来意义上单纯的手工制作，现在的课程标准要求它更多地融合美育。

此外，像劳技课程中泥工制作、金属丝造型、折纸工艺等，其实都有相当多的内容是跟美术重合在一起的，只不过美术学科更偏重于审美情绪表现力方面，而劳技课程侧重于技能方面。实际上，想要做出一个好的作品来，必须是两者兼而有之。

劳技学科还不单纯是一门艺术学科，它更是一门具有科学性的学科。在以往的教学过程中，劳技课程连"小三门"（音、体、美）都排不上，很多学校都忽视了劳技学科的教育功能，失去了让孩子从小动手实践的机会。

然而，史家小学全新的艺术教育思想指出，劳技教育是必不可少的。学校还特意为该项课程配备了三位全职老师，并且在办学过程中，不断地充实劳技学科的师资力量，并不断地更新教学理念。

以前的教师只是按图索骥，对着书本亦步亦趋地教学生，从来没有想过为什么这么做，学生也没有任何的创新思路。整个课堂死气沉沉，学科建设聊胜于无。随着史家小学全新的艺术教育思想的提出，现在的劳技教师就会自觉对学科进行研究与反思，从多个方面思考与学科相关的现象，多想一想。如人们平常使用剪刀司空见惯，但剪子这种工具为什么会设计成这样的结构？答案是因为它的结构与功能相适应。而这"多想一想"的过程，也就让一个个思想的火花碰撞开来，教师的教学也就更有激情了。

史家小学的劳技教师，为了在教学上有所创新，不断接受新事物、新方法、新知识，进行教育思想、方法的更新。他们渐渐学习掌握了现代教育思想、理论，随时关注国内外劳技教育改革的动态和热点问题，学习发达国家教改经验、理论、实践。同时，注意现代教学方法的引进。例如，利用录像、实物投影、多媒体等教学，使教学更形象、直观，提高学生的兴趣。

就这样，他们改变了过去传统的"模仿式"教学，运用"启发式""讨论式"教学方法。在五年级的一节木工课上，劳技老师赵晶要向大家介绍一个工具砂纸板，在制作砂纸板之前，赵老师首先带领大家制作刮鳞器。恰在此时，课堂上一个孩子被刮鳞器木板上的刺扎伤了手。赵老师赶紧拿针来为孩子挑刺，突然灵机一动，这堂课不是介绍砂纸板吗？何不从这次的受伤事件引入？

赵老师问大家："今天有同学被刮鳞器刺伤了手，那怎样在不受伤的情况下使用刮鳞器呢？"同学们就开始一步一步设想，赵老师就拿出砂纸来蹭，学生仿照赵老师，觉得这样光用手拿砂纸蹭特别不方便，于是想到用另外的物体代替人手，将砂纸撑起来，这样的工具用起来既不会那么费劲，又能更方便地打磨物品。大家都想到了木头这种材料。那么，怎样将砂纸和木头结合起来呢？赵老师一步步引导学生，大家开始进行不同的尝试，有的孩子说用钉子钉，但被其他人否定，原来砂纸需要经常更换，被钉子固定了就不方便了；有的孩子说用胶水粘，大家认为这样并不牢固；有的孩子说可以在木头上刻个槽，再将砂纸塞进槽内，最后用东西固定上，这个想法得到了大家的一致认同。

赵老师告诉大家，其实这是一个技术点，固定砂纸的东西就是木屑。在赵老师的引导下，大家终于解决了一个又一个问题，制作出了相应大小的木屑固定了砂纸，最终一个完好的砂纸板就制作成功了。

赵老师的整个教学过程都在讨论中进行，由问题慢慢转换为研究结果，孩子们在面对问题时想到的首先是解决困难，这种启发式教学以及教学最终得到的结果让孩子非常有成就感。

第2节　强化基础知识和基本技能

劳技教育是全面发展教育的重要组成部分，它是由劳动教育和技术教育两部分组成的，其中技术教育是使学生掌握一定的生产知识、技术和劳动技能，并在此基础上不断地创新和发展。

劳技教育不仅能使学生对工具、技术有一定的了解，而且通过参加生活劳动，还能培养学生的技术操作能力和创造能力。它最突出的特点是既动脑又动手。这种教学实践，正是培养学生创造能力，发挥学生创造性的最佳机会，这是其他任何学科所不能比拟的。

小学的劳动技术课，实际上是中学通用技术课的隶属范围之一，这一阶段的课程是整体劳技课程的入门阶段，到了学习中学通用技术课程的时候，劳技就作为一个涉及面比较广泛的学科，必须要配备一个专职教师了。

赵晶老师曾经听过中学劳技教学机械设计方面的答辩，在答辩过程中，老师给学生提出了一个问题，学生对这个问题进行猜想，为验证这个猜想就需要动脑筋设计一个实验，在操作实验的过程中就能体验自我的动手能力。通过设计，操作实验反过来又能验证学生开始的猜想对不对，这样的基本教学流程让赵老师印象深刻、受益匪浅。

赵老师认为，在对孩子进行劳技课程的基本技能教学时，首先老师就得掌握相关的基础知识，既得术业有专攻还得学会综合，譬如物理老师教某个年级的物理课时可能就教授力学知识，但对于劳技课老师来说，他可能要连续教三年，今天这个实验是力学的，明天另一个实验可能又会设计电路，这就要求老师在动手实验、运用这些知识的时候，不能比真正的物理、美术老师差。所以说，劳技课对老师的专业技能综合素养要求非常高。

在尽力培养自己这种综合技术素养的同时，还需要每位老师在教材当中寻找一个自己擅长的领域，做到劳技课程有特色、有长处。像赵晶老师就是对纸工方面较为熟悉，她带领孩子们做的纸花装饰品惟妙惟肖，可与鲜花相媲美。另外，张倞然老师学的就是服装设计，对于设计缝纫方面很擅长，学校专门配备缝纫机，成立了缝纫教室。缝纫机在课堂的使用，在日本、韩国等亚洲国家已经很普及了，但在国内还是属于比较新鲜的事物。

学校的缝纫机班已经连续开展三年了，一些学生的作品也是有模有样的，除了机器缝纫外，还培养学生进行手工缝纫。这个在国外也是比较风行的，每年都有手工缝纫国际展览。学校的学生比较小，也是从去年才开展学习的，即使是这样，还是有很多孩子做出了好的作品。

达美如老师善于动手用各种材料制作工艺品。在劳技课堂上，她就利用各种生活中的材料，像金属丝之类，创造出令人叹为观止的艺术作品。还有的老师善于用叶子来拼粘画，叶画除了需要美术的审美色彩搭配技能之外，还需要自己动手压制叶子，等等。

所以，劳技学科可谓包含方方面面的内容，既琐碎又丰富。学校教材中还有一些金工、木工及烹饪课程，这些异彩纷呈的劳技课程，也要求劳技老师尽快找到自己的特长，拥有一个能够站得住脚的领域，在这一领域熟练运用基本知识和技能。

创造学理论告诉我们，影响创造力的一个很重要的原因便是知识面过窄，闭目塞耳，视野狭小，局限于一孔之见，缺乏想象力，不会由此及彼、举一反三。所谓无知必定无能。我们知道，发散思维是一种能力，而能力的载体是知识，学生掌握知识是他们获得能力的基础和前提。"根深叶茂""本固枝荣"，基础知识的面愈宽，结构愈好，发散的机会也愈多。所以，在实际的教学过程中，必须加强基础知识、基本技能的教学。

第3节　技术能力与技术思维并重

很多人对劳技课的理解就是手工课，一直以来，劳技课给人的教学印象就是带小孩制作什么小玩意儿。近几年，学校频繁地参加市里举办的劳技比赛与劳技活动，通过各种各样的比赛和活动，发现劳技课程的落脚点应该是技术。

宏观意义上的技术包括技术能力与技术思维，二者的结合构建了一个人具备的技术素养。在学校劳技课程当中，低年级课程是以技术能力为主，渗透技术思维。到了高年级就应该是在技术能力的基础之上，侧重于技术思维的培养。

史家小学的劳动技术课程实际上与以往的手工课和美劳课有着本质上的区别。比如说，老师要指导孩子做一个金属丝造型，首先要体现它的实用价值，在整个制作过程初始，要求有精确的测量与合适的材料分配，从而培养孩子的科学精神。然后在作品设计过程中，先由孩子表达自己的想法，再修改自己的设计。最后，通过孩子亲自动手制作不断完善自己的作品。

这个过程就是孩子在利用已经学到的知识，将自己掌握的技能和知识协调统一，最后得到一个完美的作品。再比如泥工课，老师会考虑现在用的材料会不会对周围环境产生负面影响，倘若确认有影响的话，在制作的时候应该怎样避免干扰因素，其实这样的技术思维，也是一种和谐思维，通过实践潜移默化地渗透给学生。

实际上，劳技课程从三年级开始就在向学生渗透设计意识。就拿废物利用做笔筒这一课来说，从选材开始设计，孩子是用纸杯做、矿泉水瓶做，还是用泥塑。从选材上就引导孩子开始设计，如果用纸杯做会存在重心不稳的问题，如果用矿泉水瓶做可能会导致笔筒身形过高，一遍遍反复尝试，就要不断地改变材料的特性，用一些技术手段来弥补材料本身的缺陷或者发挥材料的特点。

虽然，低年级的同学理解起来还有些困难，但是到高年级的时候就要有非常清晰的实施方案。要做什么东西，画出来，选用的材料是什么，要用多大规格的，要用的工具是什么，制作步骤一二三四。慢慢地，孩子们通过这种实施方案进行思维的锻炼。到最后，他们获得的不仅仅是学会了做成某件东西，而是在这个过程中逐渐养成了技术思维习惯。

具备这种能力后，他们再处理其他问题时，就会综合、全面地考虑，不会像有些学生似的，制作什么东西或者办什么事情，走一步算一步，不去想第二步可能会出现的问题。学生在持续不断的四五年劳技课训练之后，技术思维模式就能沉淀下来。这是史家小学的劳技课最为看重的一点，这份思维的培养比孩子真正做出作品来更为重要。

如果说思维是理性认识的过程，是人类获得知识，进而应用知识的最基本的能力，那么技术思维就是明智地使用技术的一种思维，使学生学会手脑并用。在劳动技术教育中，培养学生技术思维主要有两种，即制作和设计。

1.制作

制作是技术思维的一种重要表现，它通过阅读图样，以图样的技术要求为依据，设计实践工序，选择材料，运用工具对原材料进行加工，使观念形态的图样与被加工的原材料趋向结合，直到统一。

教师在这一过程中，要指导学生学会如何按照拟定的加工工艺进行操作。比如，在艺术作品叶画的制作过程中，完成对材料的选择、设计和加工。在这一过程中，学生通过不断地实践将理性的平面图形融入立体的实物之中，通过不断地实物操作，用树叶拼贴图画。再比如说茶艺，史家小学是东城区挂牌的"茶人俱乐部"成员之一，老师们在阐释茶艺理论的同时，要求学生进行模拟，将茶艺的一整套工序进行下来，并加入自己的特色，使思维训练从感知水平上升到认知水平，这样能使学生的思维能力得到有序的发展。

2.设计

设计是遵循确定的目的要求，以相应的科学技术知识为依据，将技术要求和原理表象化、具体化、模型化，通过以绘制成制品的图形到加工完成作品。在这一过程中，学生根据已掌握的基础，根据拟定的目标进行操作，在制作加工过程中对自己的设计思路进行不断地修整，比如在纸花的制作过程中，学生能根据纸艺的特点，自行设计出各种规格不一、形态各异的作品图纸，并在老师的帮助下，经反复修改后，拟定相应的制作计划，包括如何选纸、选色、折叠等。在这一过程中，学生在已有的知识上有了更进一步的提高，在实际操作过程中，有了更多的发散余地，对以前的"做什么"到现在的"为什么这样做"，有了更深的体会。它直接刺激了学生的动作和思维的发展。

第4节　启发学生的创造思维

　　教学活动是师生的双边活动，成功的教学乃是学生积极参与的结果。正如美国著名教学设计家凯姆普伊·杰洛德所说："学生如能广泛地参与教学活动，更多地注意多种学习材料，学习会更有效。"这里所提的"参与教学"就是指在教师的主导下，充分调动学生的积极性、主动性和创造性，使学生最大限度地参与到教学活动中来，从行为的参与到思维、情感、经验的参与，以达到掌握知识和技能、丰富情感、健全人格的目的。

　　首先，教师以身作则。学校各项规章制度要求学科组长要起到示范作用。譬如教师之间互相听课，互相分享教学经验，一起参与外出学习，发挥每个教师的特长，工作上相互帮助，生活中互相关心，及时沟通，营造良好氛围。

　　其次，与家长多沟通。劳技教师们往往从学生入手，让孩子们正确认识这门课程的意义，学生有兴趣，家长就会更关注。如果发掘出在某一方面有特长的学生，教师们会及时跟家长联系。像茶艺科目，之前有带队出去表演，才艺展示的过程中有语言交流，在操作的过程中要进行介绍，家长都反馈说通过茶艺表演锻炼了孩子的胆量，增强了孩子的自信心。有些孩子以前性格比较内向，参加了这个班后，通过这样的活动，得到了锻炼。所以，尽管茶艺科目经常是在双休日和假期搞活动，家长也会积极配合接送孩子。

　　在教学过程中，学校的老师注意思维过程和方法的讲授，引导启发学生的创造性思维，少讲思维结果，不给学生造成先入为主的思维定式，给学生尽可能大的自由度以挖掘他们的潜能。良好的氛围会给创造性活动提供稳定的心理环境，因此，课堂教学气氛须宽松，让学生没有过多的心理负担和压力，有利于激发学生的创造性思维。

　　教师要鼓励学生运用发散思维，引导其丰富的想象。在具体劳技作品制作中，只要条件许可，应尽量给学生多留出创造空间，教师不作任何限制，鼓励学生的创造欲望，启发学生的创造思路，让学生大胆去想，百折不挠地去做、去实践。允许学生对作品大小、结构、外形、制作过程进行构想，允许学生尝试，允许学生失败。当学生受到挫折而气馁时，要予以鼓励，要求学生能经受考验。当学生取得一丝成果，哪怕是思路上的一点火花，都要表示赞赏，告诉学生这是走向成功的第一步，为以后的创造活动打下基础。

孩子学舞蹈到底学的是什么？史家小学的舞蹈教师对此曾有深刻反思。当舞蹈团还不是金帆团的时候，在一次得之不易的演出中，一个学生因为太紧张在错误的位置上居然跳了两个八拍。这个过失使她下台后一直默默无语，原本完美的表演被抹上了不光彩的一笔。舞蹈教师谷莉也非常生气。然而，经过反思，谷莉老师却得出了更为深刻的一个结论：

这次失误对孩子来讲可能是今生难忘的，她从这次失败中获得的经验也应是最难忘的。心理素质需要不断地磨炼，经验需要一点点地积累，孩子需要慢慢地长大，我为什么要让她留下痛苦的记忆？如果我不依不饶，也许这孩子会对舞蹈失去乐趣，会对表演产生恐惧；如果我放弃，也许她会对舞台留下终身遗憾。难道我就为了获得领导们的赞扬、认可，而拿孩子的健康成长做交换吗？教育的目的是什么？是分数？是名次？是摆出来给人家看的？不是，肯定不是！摆出来的就不是教育！教育是种常态，每天，每事，每处，每时。教育太功利了，就会失去价值，孩子的成长比什么都重要！想想

2012年"六一"儿童节，舞蹈团与国家领导人合影

这个孩子从中应该获得的东西，你就不会觉得那是个无法弥补的过失了，而是一个值得记忆的经历，是一个新的起点！

舞蹈是以形体动作为主要艺术表现手段，来表现人们内在深层精神世界的。比如细腻的情感、丰富的思想、鲜明的性格，以及人与自然及社会、人与人及人自身内部的矛盾冲突，创造出可被感知的生动舞蹈形象，以表达舞者（舞蹈编导和舞蹈演员）的审美情感与理想，反映生活的审美属性。由于人体动作不停顿地流动变化的特点，舞蹈必须在一定的舞台或广场和一定的时间中存在，同时，一般都要有音乐的伴奏，要穿特定的服装，甚至需要其他各种道具，如在舞台上表演，灯光和布景也是不可缺少的。所以，舞蹈是一种空间性、时间性和综合性的动态造型艺术。

一般在小学阶段开设舞蹈课程，就是为了在舞蹈艺术开展过程中，唤起孩子对美的向往，从而达到美的熏陶和情操的陶冶。

其实，在史家小学，正如谷莉老师的反思，舞蹈被赋予了更多素质教育的教育功能，通过舞蹈，不光让孩子感受美，创造美，呈现美，更让孩子在追求舞蹈艺术的路上，强健体魄，磨砺坚韧、耐心、独立的好品格，培养团队协作精神和集体利益至上信念，从而使孩子们拥有健康的体魄、健全的心志、良好的道德、广泛的兴趣、独立的思想、坚毅的性格，全面发展，做一个健全的"人"。

第1节　体验美的魅力

我踏着轻盈的舞步旋转……跳跃……是那样自信，是那样奔放，是那样开心，这种开心，似乎是一个冬眠的小熊睁开了看望春天的眼睛……

这双小笨熊的眼睛，此刻又见到了那双眼睛：这次呀，那里面不再是宽容的温柔，不再是及时的鼓励，不再是悄悄的安慰，而是一种由衷的欣慰和赞许……嗯，正是这个眼神，让我感到力量，感到幸福！

她是谁？她就是史家小学金帆舞蹈团的谷莉老师。她那双美丽的眼睛，让我领略了舞蹈的魅力——不惧漫长的练习，始终不断地努力，战胜挫折，坚持不懈，忘我地投入……

啊，她的眼神真美！在小学最后的一段时间，在美丽的舞蹈中，在踢踏声声里，这个眼神伴我成长，伴我坚强，伴我成功！

这是舞蹈团五年级一个十几岁的孩子写给史家小学舞蹈教师的诗歌。在她稚嫩纯净的话语中，我们由衷感受到舞蹈给予她成长最为珍贵的馈赠。而这，也正是史家小学要传给学生们的最为基本的东西。

孩子思维发展的特点决定了他们感受舞蹈作品必须以感性知识为主，依赖于主动、直观的形象，逐步投入舞蹈特定的意境中去。史家小学的舞蹈教师在让孩子学习民族舞蹈的时候，为了让孩子对这些民族舞蹈的音乐有感性的认识，在教学习跳民族舞之前，教师就利用多种形式，让少儿了解各民族舞蹈的不同风格。如蒙古舞是草原生活的艺术化，舞蹈表现的是一种阳刚之美。因此，在学习蒙古舞《腾格里塔拉》的时候，就先让孩子了解蒙古人的生活习俗、蒙古人的穿着打扮。在孩子了解的基础上，再让他们来学习蒙古舞的一些基本动作。这样不仅使孩子对动作有了认识，还从中了解了蒙古人热情奔放的性格特点。

作为小学舞蹈教师，必须明确小学舞蹈教育的任务和目的，选择符合孩子年龄特点和感兴趣的题材。史家小学的教师在舞蹈教学中，就选择一些节奏欢快、活泼、优美的音乐来让孩子学习舞蹈，如《队鼓声声》《少年先锋》等都是耳熟能详的优秀曲目。这些音乐活泼、优美，孩子们一听到这些音乐就非常兴奋，有的孩子还会手舞足蹈、摇头晃脑地跳起来。如蒙族舞蹈《腾格里塔拉》音乐优美、抒情，给人一种优雅、豪放的感觉，因此，在活动中他们一听到这个音乐，就会很自然地挥动手臂翩翩起舞，模仿蒙族走路的样子。孩子对这个舞蹈的基本动作，也就很快掌握了。

因为孩子的思维又是具体形象的，所以他们对事物的爱憎直接表现在言行举止上。例如，《少年先锋》曲调激昂，音乐形象唤起了孩子对美的向往，从而达到了美的熏陶和情操的陶冶。在艺术作品的表演中，孩子的道德感、理智感、实践感和美感，都受到各种程度的启迪。

少儿舞蹈的题材不是凭空臆造的，而是建筑在孩子对生活经验的积累上。所以小学舞蹈教学不能仅仅注重技能技巧的学习，让孩子们只是做机械的模仿，在内容和形式上脱离孩子的实际生活，而是应该把舞蹈活动与各领域的学习活动有机的联系起来，使舞蹈活动成为对孩子认知、语言等活动的升华。

孩子由于生活经验少、身体语汇贫乏，单纯的让他们用动作去表达内心感受相当困难。所以，史家小学的教师注意结合主题来制定舞蹈教学内容，使孩子在对事物有了一定的认识和把握整体经验后，再进行舞蹈教学。如为了让孩子对节奏明快的乐律有一定认识和亲身感受，就以欢快的舞狮为题，引导幼儿创编了律动《小狮子滚绣球》。孩子们通过动作表达了喜悦心情，这一舞蹈活动成功地参加了北京青少年艺术周以及北京市学生艺术节专场展演活动，收到了很好的效果。

史家小学的舞蹈教师，在设计少儿舞蹈表现的动作时，也充分考虑了孩子的年龄特点、生理特点、心理特点及实际动作发展和接受水平，选择了简明、生动、富有情趣和生活气息的形象性动作，来反映他们纯真的内心世界。他们排演的少儿舞蹈《小旋风》，虽然对于小学生来讲，这个舞蹈具有相当的技术难度，体现了学生踢踏舞训练的较高水准，但整个舞蹈节奏欢快、跳跃性强，像在空中飞转的旋风一样，充分体现了少年儿童活泼、欢快的性格和团结向上的精神面貌。学校的谷老师在设计孩子舞蹈动作时，还充分考虑到他们的自然素质，克服其不足，力求舒展、开放、动作鲜明欢快，丰满又有朝气，使他们的表演动作更有感染力。史家小学的教师在队形编排与角色安排时，一般采用简单明显的队形变化，避免繁琐、复杂。在角色的安排与变化上，也做到简单好记、角色单一，故事情节与人物单纯，使舞蹈既丰富明了又简单合理。

舞蹈是诗、乐、舞三位一体的一种综合艺术，为了广泛加强了孩子其他艺术修养，史家小学的教师也常常把音乐、舞蹈、文学融为一体，甚至必要时用语言补充，把歌、舞、语言融为一体，当然也包含了构图、色彩、服装设计、化妆等。

在学校舞蹈的教学过程中，史家小学的教师不单一满足于教会孩子一个技巧、一段组合，而是给孩子们留下一个创造性的空间。例如，当时在跳踢踏舞《爆米花》时，一些基本的动作，谷莉老师让开空间，让孩子们自编自演，充分发挥他们自己的想象力和创造性。结果，每个孩子都跳出了对情境的不同感受，或赞美，或喜爱，或欢快，或节奏鲜明……这种创造性的艺术活动，帮助孩子们完成了从平面形象到立体形象的升华转换。它能培养孩子们的形象思维，训练他们敏锐的观察能力，使他们的感知、联想、想象、幻想等得以淋漓尽致地发挥，使他们充分体验到了美的创造过程。

舞蹈是人体造型美的艺术，科学、协调的训练，会提高学生身体各部分的协调性和灵活性，促进他们拥有优美的仪态。谷莉老师曾说："选择舞蹈就是选择了勤奋、选择了劳累，谁让舞蹈这行是最骗不了人的，最偷不了懒的？只要我一松劲儿，学生就松劲儿，每次上课，我都不能马虎，得有计划，有针对性地进行训练，又加上我这人心太细，她们生活中的点点滴滴哪个说不到，就会养成不好的习惯，我就看不顺眼，必须说必须管。对每个学生的能力水平、心理动态、进展情况都要了解，才能有的放矢而不盲目。正因为我们长年累月地在一起，对她们的秉性我太了解了，她们心里的那点小弯弯绕，也都能被我一一看透、识破，我的一句表扬能让她们兴奋好几天，能让她们一下子变得自信，我的一句警告也能让她们收拾起浮躁的心情。我上课时学生很少偷懒，她们中的大多数也因此变得比较勤奋。这让我欣慰。"正是这样，有一些孩子原来曾有"驼背""抠胸""端肩"等不良习惯，在舞蹈教学中，都被有效地矫正了。

随着艺术教育理念的不断发展，家长越来越重视孩子素质的全面提高，纷纷送孩子来学校参加各项舞蹈技能的培训，其中谷莉老师的舞蹈团训练更是受到家长的青睐。谷老师说："我们的舞蹈团就是要在适应孩子年龄特点的前提下，根据儿童的认知规律，让舞蹈教师设计出最佳的教学手段和方法，让孩子在自身的活动和良好的情感体验中，主动、积极、创造性的学习，感受舞蹈艺术，兴趣盎然、毫无压力、不知不觉地跨进舞蹈艺术的宝殿。"

第2节　提升全面素质

对于每个练习舞蹈的孩子来讲枯燥甚至痛苦的日常形体训练，较大的体力消耗都是避免不了的。学舞蹈的学生必须要敢于吃苦、不能怕累。一年级新生入团时，史家小学的舞蹈教师就对孩子们讲舞蹈团的学生要像小狮子小老虎一样勇敢、活泼，不能像小公主胆小、娇气。练功时忍不了，坚持不下来，自己放弃，那老师就放弃你。学生最怕被老师放弃，所以咬牙也会坚持下来。天长日久，学生坚忍不拔的品质渐渐形成。

2006年，舞蹈队22名学生在悉尼参加"庆祝农历新年乔治大街巡演"时，当天气温37度以上，学生从头到脚全副武装成小狮子，并且边走边跳三里地，到达终点时，厚厚的头饰都被汗水浸透了，薄薄的舞蹈鞋也被磨透，可没有一个学生哭鼻子，没有一个学生生病，史家小学舞蹈队是中国代表团里最健康、最活泼、最阳光的团队。

学舞蹈对孩子来说是全方位的锻炼。每次学校的教师带学生参加演出、比赛，就像是带兵行军打仗。所以，每名队员必须具备自理能力。从他们进入舞蹈团第一天起，教师就要培养他们的自理能力：自己备好上课学具、自己整理服装、自己梳头发、自己提行李。每次艺术节比赛，舞蹈队都会有两到三个节目参赛，每个学生至少有八九件行头，大大的服装包全由自己负责，同学之间可以互相帮助，家长、老师不代劳。史家小学在保利剧院举办《和谐的旋律》文艺专场演出时，有的学生最多上四个舞蹈，还要在三分钟内换完装，这样复杂烦琐的程序，没有平日的训练，是不能胜任的。

史家小学的舞蹈教师懂得，比赛就要苛刻，表演就要完美，往往为了获奖，为了完美，学生要承受更多的压力。本章开始讲的那位出错的孩子被老师训斥完，晚上10点多回到家，又在妈妈的要求下跳了10遍。第二天谷莉老师得知后，非常触动，并反思到自己的错误认识。谷老师对全班学生讲了演出及当晚发生的事情，大家没有怪这个出错的孩子，反而更加喜欢她了，因为健全的人格才是最完美的。在"少儿春晚"的演出中，一次次的成功表演，使这个曾经被谷老师甚至要放弃的孩子，在舞台上越来越灿烂，渐渐从最后一排不起眼的位置，提升到了领舞的行列。

舞蹈是练出来的，没有量的积累就没有质的飞跃。学跳舞是要花费很多时间和精力，课间操、午休、节假日，都是孩子们排练的黄金时间。演出、比赛不是耽误学生的正课就是耽误学生的课外补习班。面对孩子学业负担越来越重，自由空间越来越小的情况，必须教会孩子处理好跳舞、学习两者之间的关系。为此，教师要求学生，上课不想跳舞的事，跳舞不想上课的事，要专时专用，落课主动补课，作业认真完成，如果不能在学好文化课之余有足够的精力学习舞蹈时，那就放弃跳舞。

在第十届东城区学生艺术节即将比赛的前一个月，一个学生因成绩下降得厉害，被取消了参赛资格。另一学生也曾因为学习成绩一直不理想，取消了一次演出机会。这些实例使得孩子们认识到，学好文化课是学好舞蹈的前提。所以，他们通常会及时补上落下的课，会有意识调整自己浮躁的心态，努力争取免考资格。一次期末考试的第一天，北京市教委布置了演出任务，这是市教委第一次批准学生在考试期间参加演出。学校研究决定舞蹈队学生上午演出，下午补考。当天早上 6 点钟学生就从学校出发，中午才返回。本以为考试成绩会受影响，却没想到有的学生语文居然考了班级前两名。事实证明，舞蹈和学业成绩的取得两者不但不冲突，还会相互促进。

舞蹈对学生团队精神的培养，也至关重要，通过舞蹈学习，很多孩子懂得了集体利益至上的道理。

在舞蹈表演中，孩子的一进一退、举手投足必须符合编排要求，不能随心所欲，动作必须整齐统一和起落有序，没有协作精神是难以进行的。而舞蹈团总是由不同年级学生组成，新老生的交替，节目的传承是永远面临的问题。所以高年级同学要通过一定程度的传、帮、带来照顾低年级同学，低年级同学要向高年级同学看齐。为了让队员具有主人翁意识，史家小学的舞蹈教师提出："大帮小是责任，如果大同学对小同学不耐心不负责，老师同样不帮助你，小同学则要经过自己的努力取得进步后，才会得到别人的帮助。"所以，在补充新队员时，经常会看到五六个小老师分别带领着四五个小学员，认真地演练。教师们也非常认可地说："这些小助手们在关键时都能起到非常重要的作用。"

舞蹈是集体的项目。如果有一人缺席就会给全体队员带来不利影响——排练进度被耽误，演出效果不理想。2007年去美国时，有两个学生因护照问题在上海机场被海关阻止，没能和集体一同前往，其中一个还是领舞。教师们只能做重新编排的准备。到达洛杉矶一天后，得到喜报，两个学生都因为怕影响演出，明知已经错过去迪斯尼乐园和环球影城两大景点游玩的机会，也要赶来参加演出。这让大家伙都松了一口气，演出圆满完成。随行的宋庆龄基金会工作人员，直夸史家小学的学生真有集体责任感。

史家小学的舞蹈教学对于孩子的成长最终会起到一个什么样的作用呢？

在金帆舞蹈团里有个男孩叫王晋桢，他从一年级就开始学习踢踏舞，和他一届开始学习踢踏舞的有十几个男孩，只有他坚持到了最后。这份坚持背后也有着不为人知的故事。当时的晋桢还只是班里普普通通的一个小男孩，没有什么特别之处，后来谷老师发现晋桢的节奏感特别强，领会舞蹈的能力也很高，于是吸纳晋桢进了舞蹈团。

让晋桢进舞蹈团，谷老师也是做了大量的工作，孩子家长当时还犹豫，认为男孩子进舞蹈团不太合适，孩子本身也有些内向。但是谷老师说，当时看到晋桢的个子高高的，第一眼就觉得他是学习舞蹈的好苗子，仿佛能给人一个概念——"我就是舞台的中心"，谷老师相信自己的眼光。

当时舞蹈团的成员以女孩子为主，好不容易吸收了一个男孩子，谷老师像宝贝一样对待，最后谷老师还专门为晋桢编排了一个踢踏舞《少年先锋》，让晋桢做领舞。

现在的晋桢自信满满，已经是北京二中学生会文体部部长了。而且直到今天，小晋桢都没有放弃过踢踏舞，他说舞蹈已经融入自己的生活了。

史家小学舞蹈教师们的舞蹈梦有没有实现？我们从下面一位舞蹈教师的文字中可以找到答案。

今天第一次大彩排，90位演员、20位家长义工，先是我和90名学生照合影，补镜头，这就花了近一个小时，然后就是到教室开会，布置任务，提要求，100多人堆在楼道里，我是顾不上那么许多了，只能把这乱糟糟的场面交给热心的家长义工们……看似忙乱的场面，却有序地进行着，每个节目都没误场，也没出现校庆演出时丢东找西的危险状况，彩排结束后楼道里干净整洁，教室里的服装包全部归位。抢装的、催场的、梳头的、缝补衣服的、录像的、拍照的，家长们尽职尽责，合作得很默契，发现问题自己就解决了，帮我分担了许多事。再说孩子们的表演，今天虽是彩排，但是孩子们在非常兴奋、非常认真的状态中顺利地完成了11个节目的彩排，她们表演的《俏花旦》《小海军》《独舞串烧》《爵士舞》都是新节目，特别是爵士舞，这个突出体现了史家学生阳光、健康、快乐、自信的特色，让全场沸腾起来，我激动得跟着鼓掌、欢呼，因为她们也让我惊讶了，灿灿独具匠心的服装设计，小柴俏丽的发型、易易和宝宝的帽子、辰辰的大虎爪、竹竹的火焰装……哎呀，她们连我都瞒着，就要在最后时刻亮出来，给我惊喜，让我激动！提高班的丁然在演出前不小心摔破了膝盖，贴上创可贴后，因为跳舞创可贴掉了下来，但她依然坚持着完成了跪坐在地上的所有动作，在整台的节目中她要跳的舞蹈节目最多，可她没有受伤痛的影响，妈妈们在旁边看着心都紧紧的，我看着自己的学生这样坚强，心中暗暗为她竖起大拇指："这就是舞蹈团学生应有的精神，她们就是这样好！"

12点到了，有的妈妈说："来了，觉得真值！"我也觉得付出这么多，值呀！

160

　　2008年，史家小学舞蹈团被评为北京市金帆舞蹈团，从获得殊荣那天起，这支被学校誉为金牌团队的艺术社团，不断在实践中成长，在锤炼中绽放。如今面对更多的新生力量和其他团队的竞争，舞蹈团必须迈上新台阶，才不愧对"金帆"这个响亮的称号。

　　一串串动人心弦的数字和词语、一个个激动人心的活动和荣誉，使史家小学更充满了独具美学魅力的光彩与活力。而所有活动的开展与荣誉的获得，一方面体现了学校艺术教育工作开展得深入与扎实，另一方面也折射出了学生全面素质的提高得益于社团建设。

　　根据《全国艺术教育发展规划（2001—2010年）》、东城区《宝塔计划》精神以及《北京市学生金帆艺术团管理办法》，史家小学将以北京市金帆社团为龙头，以更新观念为先导，以夯实基础性管理为抓手，以史家小学办学理念为准绳，以"和谐教育"为特色，全面锻造教师队伍，形成史家小学艺术教育特色品牌。

　　史家小学金帆舞蹈团经过几年来的不断努力和不懈追求，一直坚持走自己的路，并走出了自己的特色之路。我们期待着史家小学金帆舞蹈团再创辉煌、再接再厉，争取创作出更优秀的舞蹈作品！

第 13 章
合　唱

我与史家小学合唱团[①]

　　大幕徐徐拉开，一群穿着盛装的孩子们随着梦幻般的音乐在歌唱，礼堂里的观众屏住呼吸，聆听这天籁般的声音，清澈纯净、空灵柔和。镁光灯下一张张纯洁的面孔，靠着自然的童心、美妙和谐的音色征服了国家大剧院。

　　我就是这群孩子们（史家小学合唱团）中的唯一的男高音。

　　一次，在观看了史家小学艺术节后，被高年级合唱团的演唱深深吸引了，他们的歌声，让人犹如置身于开阔而古老的平原森林，青葱万物在音乐中折射，圣洁、宁静。从此内心充满了渴望，渴望成为合唱团的一员。

　　可惜好事多磨，在三年级挑选合唱团员时，由于紧张，没发挥好，我与合唱团失之交臂。每当看见班里的团员抱着合唱夹子去排练时，心里充满了羡慕和失落。

　　史家小学举办 70 周年大庆，我的机会来了。本来学校是要搞一个 400

---

①选自"崛起的熊"博客：《做一个歌唱的天使——我与史家小学合唱团》，2012年4月14日。

人的大合唱，我被荣幸地选上了。虽然后来大合唱取消了，但我的嗓音得到了老师的认可，留在了我渴望已久的合唱团。

从此我的生活就充满了歌声，但排练生活是很枯燥的，一遍一遍地练习和声，放弃了课间休息，放弃了假期。为了演出有时还耽误了课程，在别人可以游戏的时候，我们演出完还要拼命地赶落下的作业。喊过累，想过放弃，但一站在舞台上，唱出悠远唯美的歌曲，所有的汗水和泪水都化成了歌声的翅膀。

我们的歌声越来越美，我们的训练越来越苦，终于在我小学的最后一年，我们合唱团得到了最高的荣誉——金帆合唱团。回想两年的付出，换来了幸福的欢笑。合唱给了我飞翔的翅膀，不管我将来去那里，我都要继续做一个歌唱的天使。

第1节　锤炼合唱团的性格

2003年9月，随着李娜等老师的加入，史家小学合唱团开始迈向新的台阶。随后经过8年的历练，合唱团从赢取东城区一等奖到连续三次获得北京市的一等奖，从2012年被评为金帆合唱团到初征国际大赛就斩获金奖。这些年，史家小学的合唱教师一直在寻找属于史家小学孩子们的那条声线，合唱团每个孩子的声音就是合唱团的性格，更是史家小学所有孩子们的性格。

小学的合唱，是孩子们的一种集体艺术，其表演形式同任何形式的合唱一样，音色丰富、音域宽广、力度对比强烈、和声变化多样、气息循环悠长、艺术感染力、表现力强，这对培训孩子的音乐听觉、感觉、素质有相当重要的作用，同时，可以使孩子们从合唱中获得成就感、愉悦感，锻炼他们的团队合作能力，培养他们的团队精神。

史家小学的合唱教师在孩子们训练的时候，要求是非常严格的。李娜老师这样要求孩子们的声音："我要求的声音是什么样的，要有生物之间的和谐的感觉，我跟他们说我们是一个整体，我们是一个集体。"

1. 合唱是各个声部的集体鸣跃

合唱不是简单的合作活动，也不是随意的集体演唱，它是艺术与技术相结合的情感宣泄和审美表达方式。所以，要求的是求其共性，达到相互谐和，由此发挥其真正价值。所以，在合唱的音响观念上，各声部、各成员在生理条件不同的个性基础上，保证有一个统一的目标和准则，把声音统一到尽可能高的位置上，并把这一要求贯穿于合唱训练及演唱的自始至终。

李娜老师认为，合唱教给孩子们的首先是合作，这就要求孩子们要学会倾听彼此的声音，不管是在多声部还是单声部的演唱过程中，都不能忘了彼此倾听，在这个过程中慢慢地将自己的声音融合进来。

在整个合唱音响中，每一个声部都有着一定的任务和要求。声部与声部之间，也有着一定的相互关系。只有各声部在声音音响上根据作品内容的要求，相互取得应有的关系时，所产生的音响效果才是合唱所需要的。这种合唱所需要的音响效果我们称之为"协调"。它必须具备音量、音色和音准三种因素。这三种因素在合唱协调的要求中是同等重要、缺一不可的。同时，在演唱训练中，声部的均衡与清晰度很重要，它决定着合唱的协调、和谐和统一。为了使孩子们在合唱中不受其他声部的干扰或牵制，让他们捂起耳朵来唱或是隔开来学，都不是好办法，合唱的根本价值和意义正在于"合"。

各声部在演唱中，合唱团的李娜老师要求学生做到不仅能够监听自己的声音，还必须能听到另外声部、别人的声音及和声效果，借以不断调整自己的音准、音色和音量，使自己的声音和集体的音响一致，要绝对防止一声部压倒另一声部的现象，要能互相配合，做到默契合作，以达到和谐、统一的艺术效果，给人以美的享受。

2. 合唱是所有孩子的集体声线

一支优秀的、训练有素的合唱团，必定会有一位优秀的、经验丰富的指挥，他不仅是一位指挥，更应该是一位优秀的组织者，具备良好的识谱能力、范唱能力、听辨能力、感受能力和行之有效的教学经验。李娜老师就是这样一位优秀的指挥官。

她在长期合唱的教学与组织过程中，逐步摸索出一些经验。她特别强调合唱团的队员一定要"精"。一般而言，合唱团的老师不能仅凭合唱队员的兴趣，就不加筛选地确定人选，并随意地分为高、中、低声部，这样草草地选人、定声部是不可取的，在以后的排练中往往后患无穷。因此，在选拔队员时，应注意音准和音色。一位连自己声部都无法唱准的合唱队员，是无法把握合唱的音准的。其一个人的"威力"，足以让周围四五位队员跟着跑调。同样，高声部的音色要清脆、明亮，中、低声部的音色要厚实、圆润。在日后的训练中，各音色会相互融合，逐步达到音色的统一。合唱是一项技术要求很高的艺术，所以只有"精"选出合唱队员，才能做好合唱表演。

这里有一个令李娜老师印象深刻的例子，一位已经读大学、之前参加过合唱团的孩子回来看望李老师，他提到在他的读书生涯中，即使是到了大学，也一直是参加学校组织的合唱团。当年在史家小学合唱团时，他一心觉得高声部好听，但是却被李娜老师分到了低声部。虽然他在低声部表现很好，但是依旧忘不了他的高声部的梦想，到了初中，孩子就向初中的老师毛遂自荐说要参加高声部，结果，在高声部一直未能发挥他的特长。现在这孩子在大学读书，也依旧积极参加学校组织的合唱团，这回他乖乖选择了低声部。回到学校后，和李娜老师谈起此事，还由衷地说李老师的选择是正确的。

3. 合唱是不同性格的集体绽放

李娜老师说："每个孩子的声音表现出来可以说是每个孩子的性格，我们的合唱团就是不同性格的集体绽放，形成了我们每一届合唱团特有的性格。"也许这一届四、五、六年级组成的合唱团,它的性格是圆润的、低沉的,可能下一届合唱团就是明亮的、欢快的,合唱团的老师会根据这个团队的声音特点选择曲目、参加比赛或活动。就是在这样一直不断的摸索不断的研究过程中,去了解合唱团的性格。

现在的合唱团里,孩子和家长都非常配合。有一天下午,有位家长来看孩子们进行正常的合唱训练,竟流下了眼泪。他没想到自己的孩子会发出这样的声音,会在这样的集体当中表现出如此美妙的声线。以往,在家长的认识里,觉得合唱不就是大家一起唱唱歌嘛,有的还不太愿意让孩子参加这个团体,而但凡听一次孩子们的合唱表演或训练的家长,都会有震撼的感受。

有的家长认为,练习舞蹈要看孩子的体型,要选拔;参加管乐团,孩子得没日没夜训练;而合唱团就比较轻松了,还可以参加相应的演出与比赛,送孩子参加合唱团,何乐而不为呢?如若开始进入合唱团这个团体时,就是抱着这样的想法的话,越到后来会越觉得合唱团远没有想象的轻松。一旦孩子跟不上歌曲的进度,或没有达到声部的要求,或者在这个集体中明显不能合群,那么孩子最终就会被淘汰。学校的合唱团是一个大集体,各个声部也是一个小集体,只有孩子们将自己融入这个集体中,在这里绽放自己的色彩,才能营造最完美的音乐。

第2节 体验快乐歌唱的美妙

人们往往会从歌唱中得到愉快,而合唱的愉悦度更高。同时,参与合唱既是音乐创作,又是在进行音乐欣赏,令自己深入到音乐内部,去找到审美的情感体验。对于孩子们来说,音乐是成长中少不了的快乐。

"要问我的课堂理念,很简单,就是让孩子们在我的音乐课上快乐的歌唱。"李娜老师说："现在孩子们通常都很辛苦，各种各样的培训班占据了孩子们很多的时间。我希望孩子们在合唱训练课上快乐歌唱，尽情放松。"

所以，史家小学的音乐老师，抱着这样的理念，在训练上的，要求孩子投入地去唱歌，得到孩子自己发出来的声音，获得自身的愉悦。他们告诉孩子们，这个声音应该什么样是好听的，什么样的音乐是美的，应该从什么样的角度去欣赏。这些教师把创作和欣赏音乐的方法告诉孩子们，使他们从课堂上得到快乐，获得审美。

对于一般人来说，可以从歌唱中得到愉快。而合唱的愉悦度更高，合唱是声乐艺术，用人声来表达音乐情感比乐器更直接、更细腻，更容易产生心理上的共鸣，再加上绝大部分合唱都有歌词，所以更容易被人们理解和接受。同时，参与合唱既是在进行音乐创作，在创作中使自己的音乐素质得到提高——培养人的多声部听觉和音乐思维能力，又是在进行音乐欣赏——让自己深入到音乐内部去找到审美的情感体验。一次好的排练或演出，就是一次难得的精神享受，心灵的境界也常常会同音乐一起得到升华。

在合唱过程中，参与者既是一位表演者又是一名欣赏者，学生通过自身的感受与体验，对音乐的旋律美、造型美和情感美，有了更深刻的体会和欣赏。在这种内在美和外在美的统一熏陶下，能充分启迪学生的音乐思维，培养学生的音乐情感，从而提高学生的音乐感受力、记忆力、理解力、想象力及多种器官协调运动的能力，最终提高他们的艺术修养、文化素质和群体协作水平。学生的合唱非常的优美，已经达到了让人听了是一种享受的造诣。

科学的合唱会使人真正感受到艺术的美，和谐的美，生活的美，健康人格的美，能让孩子们感悟到个人对集体、对生活的责任，这也是艺术育人的特殊功能。合唱教育不仅教会孩子欣赏美，创造美，更会让他们体会做人的真谛，终生受益。

合唱训练会使孩子在无形中体会到合作精神所带来的魅力，增加人与人之间的亲和力，进一步塑造良好的人生观和价值观取向。正如伟大的音乐家普罗柯菲耶夫说过："音乐歌颂人们的生活，引导人们走向光明的未来。"所以合唱的孩子会有一定的审美素质，他们能对美做出界定，对不良文化有一定的免疫力，因此能有选择地吸收有益的音乐来丰富和提高自己，促进自我综合素质的提高。

当前素质教育的核心是"做人"的教育，它尤其重视"学会共处"——这个做人做事的基础。而合唱教学恰恰能够在培养合作共处意识方面发挥其重要作用。合唱作为小学校园艺术活动中最广泛、最重要的活动形式之一，它对于培养学生的艺术修养和合作共处精神、提高学生音乐素质有着重要意义。从学生角度看，如果在小学阶段对学生进行合唱训练，让合唱成为一个快乐的课堂，不仅有利于对小学生进行听觉和乐感的培养，更有利于发展学生的综合音乐素质，教会学生拥有宽容与慈爱的情怀，从而成为高素质的、积极学习和生活的人。

第3节　营造和谐的艺术氛围

托尔斯泰说："音乐是人类感情的速记。"一个人可以在歌唱中找到快乐，而合唱无论是在演唱技巧，还是在表现手段上都是声乐表演形式中的最高点。它是非常容易让人接受，随时随地都能表现，具有相当魅力的大众性音乐活动。合唱的艺术魅力在于与个人表演唱相比，合唱更注重感情和声音的统一，声音的统一是听觉美感，感情的统一是艺术灵魂。在学校，合唱教学能使学生深刻体会不同风格特征歌曲的情感，能在演唱中与音乐作品产生共鸣，使听觉美感与艺术灵魂得到和谐统一。学校合唱教学的艺术表现还在于形式内容和过程的完整、统一，合唱教学的各个环节都与学生个性的自我展现紧密相连。风格不同的作品在演唱时就会表现出不同的个性。而这种不同，又铸就了和谐的快乐。当然，这种和谐于合唱相关，又不尽在其内。那就是人与人的和谐。

1.学生与学生的和谐

史家小学的合唱团有这样一个优良的传统——以大带小。每年合唱团即将毕业的六年级孩子都会帮助刚进入合唱团的三年级孩子，做他们的小老师，基本上一带就是一学期。有的学校遇到毕业班的孩子，总会注重孩子的成绩，让他们少分心到旁的事上，但是"史小"的孩子一直坚持传帮带的好传统，甚至有的孩子喜欢合唱，都会坚持到自己毕业考试之前，坚持到自己把新手教会带出来的时候。

2.老师与家长的和谐

合唱团的钢琴伴奏老师杨明一直坚持通过飞信跟所有合唱团孩子的家长联系，有任何事情她都会及时跟家长沟通。过年过节，杨老师会以合唱团的名义给所有的孩子发送慰问短信，家长都感到很亲切，觉得合唱团是一个温暖的、和谐的集体。

3.老师与学生的和谐

其实在合唱教学的过程中，老师不可能手把手地教孩子怎么唱，但是会教导孩子应该用什么样的方法去唱，去张开嘴，授人以鱼不如授人以渔。杨明老师说："教育孩子首先要培养孩子好的性格、好的心性。合唱是一个集体的和谐的艺术表现形式，最适合培养孩子调整自己的心灵，塑造良好的性格。"

杨明老师刚刚进入史家小学之时，思想是有过起伏的，虽然她很喜欢小孩，但天天面对学校里这些个性很强的孩子也有些不适应。但她还是留下来了，因为她觉得孩子们特别爱上自己的课。孩子们说上杨老师的课比较放松，不用特别规规矩矩的。平常杨老师上课也是笑声比较多的。小杨老师深情地讲述："昨天下课之后，好多孩子就围着你不让你走，这个时候，你会觉得当老师还是很好的，你能真切感觉到孩子是喜欢你的，并不是像成人一样伪装出来的，孩子流露的感情是无比真诚的。"

这个五年前还是一名学生的年轻教师，当问起她最值得骄傲的是什么的时候，她会毫不犹豫地说："我觉得我们的孩子都很善良，而且我觉得还有值得骄傲的就是家长都很配合，因为没有家长的配合也是成就不了合唱团的。"

为了进一步提高合唱团的专业水平和开拓孩子们的视野，合唱团会经常外聘专家入校指导，比如著名指挥蓬勃、桑叶松等。他们高端的指导，高标准的要求，令合唱团的师生受益匪浅，为造就今天的金帆合唱团作出了不可或缺的贡献。

然而，这些外聘专家的教授，取代不了在校教师们踏踏实实的行动落实，更取代不了他们执著的育人理念和教育追求。

"其实我觉得我教育孩子，首先人性得好，就是要善良，而且我觉得现在我更倾向于培养孩子好的性格。孩子好的性格能够让他们适时调整自己的心理，保证孩子的身心健康，这一点很重要。其实技能上的好多东西不一定非要让他学得怎样，每天都是这样按部就班有一个好的心态去练习唱歌，只当做一个积累的过程，这样到某一天，这些好的积累肯定会在合适的时间迸发出来，让孩子在成长中获益。"这是杨老师在史家小学音乐和合唱教学中，具有代表性的诚挚心声。

在管理上，史家小学的合唱团积极与家长沟通，得到家长的大力支持与配合。这样良好的管理模式，使得合唱团的活动办起来总是一帆风顺。譬如，有什么样的演出或者活动，只要老师对孩子有这样的时间要求，家长就会尽量给孩子协调时间，参加排练及演出。合唱作为一种集体参与的活动形式，一曲成功的合唱，需要队员齐心协力、共同配合，无论在感情、旋律、节奏、音准、速度、力度和谐，以及声部的平衡等方面，都必须从集体出发，通过配合来达到要求。管理的严丝合缝，无形之中使得每一个合唱队员责任意识和集体荣誉感得到了加强，从而培养了队员的集体协作精神。合唱教学以音乐为纽带，也促进了师生在思想、语言、情感上的交流互动，确立了师生间平等、合作、信任的人际关系。

第4节　追求扬帆破浪的境界

经过将近20个小时的旅途奔波，我们终于在傍晚时分抵达了斯洛伐克的首都——布拉迪斯拉发。坐落在多瑙河畔的这座音乐古城，在夕阳的照耀下是如此庄严辉煌，不禁让我们肃然起敬。

2012斯洛伐克"国际青年艺术节"暨音乐比赛已经正式拉开了序幕。劳累的我们连开幕式都没有参加，一觉就睡到了第二天清晨。早晨匆匆吃完了早饭，换上中国红的演出服装，化好妆后，我们自己都不禁赞叹：中国小精灵们的风采一定会把评委们征服的！

徒步来到我们的参赛地点：市政厅音乐堂，经过紧张的赛前准备：走台、彩排，比赛正式开始了！第一个出场的我们一个个是那么的精神饱满、意气风发；第一次作为钢琴伴奏，我受到大家活力的感染，忘记了紧张，气定神闲地坐在钢琴面前。随着指挥李老师的一个手势，一串串音符像小溪般地流淌了出来，周围是那么安静，只有钢琴上的一个个琴键在跳跃出一个个美妙的音符。渐渐地，清泉般的音乐加入了清澈的童音，配合得那么的天衣无缝，歌声和琴声仿佛浑然一体，琴声伴着歌声，清透明亮，时起时伏。高亢时如鹰击长空，气势磅礴，低吟时如虫儿呢喃，轻声细语。我们陶醉了，陶醉在音乐带给我们的忘我的境界里，随着琴声的戛然而止，我听到了评委的掌声，看到了他们脸上赞赏的表情，我知道，我们成功了！

等待的时间是漫长的，无论是令人难忘的观赏多瑙河的游船上，还是丰盛的异国美味，都没能消除我内心紧张的期盼，晚上躺在舒适的酒店里辗转反侧，忐忑着最终的比赛结果。

激动人心的时刻终于到来了，我们盛装站在广场上，倾听组委会宣布获奖名单。没想到，组委会一反常规地第一个就宣布金奖名单：当听到史家小学金帆合唱团的名字时，我们面面相觑，以为我们获得了最末的奖项。直到导游和这次比赛的组织者向我们热烈祝贺时，我们才反应过来，爆发出震耳欲聋的欢呼声，太棒了！我们是金奖的第一名。第一次参加国际比赛，我们就蟾宫折桂，金榜题名！同学们欢呼雀跃，互相拥抱，不知怎么才能表达自己的喜悦之情。老师们急忙按下快门，记录下这难忘的时刻，我仿佛徜徉在欢乐的海洋里，到处是同学们的欢笑和祝贺的人群，周围的景物那么的明亮，好像做梦一样……

2012 年 7 月 19 日至 22 日，合唱团参加了斯洛伐克"国际青年艺术节"暨音乐比赛并荣获斯洛伐克国际音乐节合唱比赛金奖。上面是合唱团的一名团员对精彩绝伦的比赛演出现场和激动人心的获奖时刻的细致描述。虽然合唱团还是一个年轻的金帆团，但我们感受到了它蓬勃向上、一往无前的朝气和不可阻挡的活力。

合唱团成立于 1987 年，团员常年保证在 150 人左右，分一团、二团、预备团，每周在本校专职合唱教师的指导下进行三次的系统训练，并聘请著名合唱指挥桑叶松教授任艺术指导，现任指挥为著名指挥家——蓬勃教授。团员们在视唱、和声、演唱技巧、作品表现力等方面都得到严格的专业化训练。合唱团以纯净、圆润、柔美的音色，丰富的肢体变化，诠释不同时期、不同风格的声乐合唱作品，受到专业人士的赞誉。

史家小学金帆合唱团荣获斯洛伐克国际音乐节合唱比赛金奖

合唱团在北京人民大会堂、保利剧院、国家大剧院、中央电视台、北京电视台及北京教育台进行社会性的演出活动；多次承担文化部、教育部、共青团中央、中国合唱协会等部门委派的演出任务。近年来，合唱团参加了许多公益活动，在《心连心》奥运会、残奥会各国运动员入村仪式、东城区教育系统奥运会、残奥会工作总结表彰大会、慰问贫困地区的"希望水窖"义演、国家大剧院学生演出周合唱专场、朝阳门社区演出、史家小学70年校庆、东城区新年音乐会等演出中的表现十分出色，得到广泛好评。

合唱团立足北京，走向世界，曾出访埃及、美国等国家进行艺术交流，受到社会各界的关注与肯定，在国际文化交流中起到了重要作用。

史家小学合唱团从希望到成功，充分体现了和谐艺术教育的办学宗旨和培养目标，体现了全面实行素质教育的方向。从2003年起合唱团连续6年获得北京市学生艺术节一等奖、东城区一等奖的好成绩，并于2006年和

2008 年连续获得东城区"先进集体"称号。2009 年参加东城区区委、区政府主办的新年音乐会的演出，受到专业演员和领导的高度评价。2010 年参加北京市学生艺术节的专场展演并在国家大剧院音乐厅演出。在学校领导的重视下，在金帆舞蹈团的示范引领带动下，学校合唱团也日趋成熟。2011 年 11 月 4 日，喜讯传来，学校合唱团被授予"金帆合唱团"称号。这是继"金帆舞蹈团"之后学校的第二个金帆艺术团体。也是北京市为数不多的具有两块金帆品牌的学校之一。

几年来，在史家小学合唱团这个熔炉里，同学们的兴趣、爱好、特长均得到了发展和提高。优秀的作品、高格调的艺术，不仅陶冶了情操、加强了审美意识，培养了学生正确的审美观点，更使学生通过对现实美、艺术美的学习，提高了他们感受美、理解美、鉴赏美的能力，从而使他们懂得了如何去表现美、创造美。合唱这种特有的需要相互配合展现集体能力的形式，培养了孩子们的道德修养，锻炼了纪律作风，使少年儿童纯洁的心灵得到了升华。

艺术素质的培养、特殊的严格管理带来的是，史家小学合唱团孩子们德、智、体、美、劳的全面发展，合唱团整体建设的各个方面均名列学校前茅，特长生的思想、学习、身体及艺术专业水平得到了全面提高。

合唱团正在扬着金帆远航，踏浪前行！

第4篇
才艺园丁：史家小学的教师队伍建设

史家小学艺术教师团队非常有特色，形成了老、中、青结合的发展梯队，为学校艺术教育可持续发展积蓄了后备力量。这个团队中的每一位教师各有专长，定位准确。

艺术教师个人的付出造就了一个优秀的集体，每个人为集体荣誉而战，集体的荣誉又给每位教师带来了发展的空间和平台，这是一个良性的循环。这是史家小学全体艺术教师的共识。这样的共识使他们每个人从中受益匪浅。

引 子

　　艺术教育是推进素质教育、培养现代人文精神和创新精神的有机组成部分和重要载体，具有不可替代的作用。历经 70 年的发展，史家小学始终重视艺术教育在校园文化建设中的积极作用，不断探索和创新，努力提升艺术教育质量。尤其对和谐教育办学理念的坚持，孕育出独特的"史家文化"，培养出一大批具有史家特色的艺术人才：全面发展＋突出特长＋创新精神＋实践能力，即尊重学生个性发展、深度挖掘学生潜能、培养全面发展学有所长的学生。史家小学在全体教师共同努力下，使得学校成为一所北京市乃至全国著名的学校。

　　苏联著名教育家苏霍姆林斯基说过："我一千次相信，没有一条富有诗意的、感情的和审美的清泉，就不可能有学生全面的智力的发展。富有诗意的创造开始于美的幻想，美使知觉更加敏锐，唤醒创造性的思维。"史家小学的教师在实施艺术教育的过程中，在高雅的艺术氛围中，在健康和谐的自我发展基础上，源源不断地给学生以榜样和积极的影响，灌溉出一株株茁壮成长的新苗，自己也得到健康和谐的发展。

　　史家小学艺术教育的优势有四个方面。其一，史家小学在和谐教育理念的指导下，全体艺术教师探索出了符合儿童艺术启蒙规律的理念。

理念决定行动，先进、正确的艺术教育理念使史家小学的艺术教育健康发展。其二，学校充分重视艺术教育在实现"促进学生全面和谐发展"培养目标中不可替代的优势，从而在资金、制度、人力方面给予到位、有力的保障。其三，史家小学的艺术教育课程、艺术活动、艺术教育途径与方法等已经有了丰厚的积淀，凝聚成具有史家小学特点的艺术教育传统。其四，史家小学形成了一支不断更新调整的充满生机的艺术教师队伍，逐渐形成了一个专业功底强、有责任心和敬业精神、甘于奉献的优秀团队。这个团队使学校的艺术教育良性运转，迅速提升了学校艺术办学的品位，成功打造了优质艺术教育知名品牌。这四个方面相辅相成，共同打造了史家小学艺术教育独一无二的品牌，并令史家小学的艺术教育具有可持续发展的实力。尤其第四方面，更是这一切优势得以发挥的人力资源保障，是根基，是一切工作的原动力。

艺术教育工作能否落到实处，能否有成效，关键是艺术教育师资队伍的建设。史家小学的艺术教师队伍有着很强的整体实力。史家小学现有艺术学科专职教师25名，全部是大学本科以上学历。其中北京市学科教学带头人1名，北京市骨干教师2名，东城区骨干教师8名，中学高级教师4名，具有较强的个人实力和团队优势。骨干教师和优秀教师充分发挥"领头羊"作用，引领和带动了学校艺术教师团队的整体发展。主管艺术教育工作的范汝梅副校长是北京市学科教学带头人，在北京市艺术教育领域有较高的知名度和影响力，她的业务出类拔萃，待人公正无私，非常令人信服。在她的影响和管理下，史家小学艺术教师团队和谐融洽、乐群互助，团队优势明显，为史家小学的艺术教育发展，发挥了巨大的推动作用。

史家小学艺术教师团队非常有特色，形成了老、中、青结合的发展梯队，为学校艺术教育可持续发展积蓄了后备力量。这个团队中的每一位教师各有专长，定位准确。"一个人强大不够强，整个集体强大才够强，集体的智慧

是无穷的。只有在优秀的集体中，才能培养出优秀的个人，反过来说，优秀
的个人越来越多，集体才能越来越优秀。艺术教师个人的付出造就了一个优
秀的集体，每个人为集体荣誉而战，集体的荣誉又给每位教师带来了发展的
空间和平台，这是一个良性的循环。"这是史家小学全体艺术教师的共识。
这样的共识使他们每个人从中受益匪浅。

第14章
艺术教育管理

艺术教育不同于一般技能、技巧性的应用型教育，它是一种追求人与社会、人与自然和谐发展，弘扬人文精神，使人的生命经艺术的熏陶更加情韵悠长、光明磊落的教育。这种向真、向善、向美、向上的校园艺术教育，离不开体制与机制的保障。史家小学的艺术教育保障，建立在领导重视、制度完善、资金到位、以赛促教的基础上。

第1节 机制建设：宏观的艺术教育

艺术教育管理是学校顺利实施艺术教育工作、完成学校各项工作任务的重要保证。通过对学校艺术教育的计划、组织、协调与控制，艺术教育管理也体现出了较强的宏观艺术教育功能。

1. 管理机制

史家小学的领导高度重视艺术教育工作，不断加强和完善学校艺术教育工作的规范化、制度化和特色化建设。学校成立了校外艺术教育工作领导小组，负责和把握学校艺术教育工作的主方向。学校设一名副校长专职主管艺术教育工作，确立了以音乐组、美术组、书法组、劳技组为组织协调部门的二级网络，建立了以学生艺术社团为项目载体的艺术教育三级管理机制。

在科学、有序管理机制的引领下，学校教师队伍硕果累累。多位教师被评为"北京市教育系统先进工作者""北京市教书育人优秀个人""北京市优秀青年教师""北京市德育先进个人""北京市优秀共产党员"等荣誉称号。学校被教育部授予"全国艺术教育先进校"，学校的舞蹈团、合唱团被市教委认定为"北京市金帆艺术团"称号。

（1）学校艺术教育管理体制的建立。为使学校的专职艺术教育工作以及教书育人、管理育人、服务育人形成艺术教育合力，实现各个方面的最佳组合，充分发挥各自的艺术教育效能，史家小学以党支部为领导核心，建立和完善校长及行政系统为主实施的艺术教育管理体制。管理机构由校长及各部门负责人，尤其是分管艺术教育工作的负责人组成，在党支部的领导和支持下，具体实施艺术教育管理工作。该体制体系职责明确，分工合理，上下畅通，左右协调，指挥有力。

（2）艺术教育目标的确立、分解与艺术教育工作计划的制定。这是学校艺术教育管理最重要的环节。学校艺术教育的方向已由教育方针规定、艺术教育目标的确立则要由学校艺术教育管理机构，采取民主讨论的形式集思广益，遵循先进性、时代性、层次性等原则进行。待目标确定后，就要合理规划、统筹安排，将之分解为各部门、个人的子目标或具体任务，并要求各部门乃至个人，制定各自为达到目标而进行艺术教育工作的计划，包括学期计划、年度计划等，由学校艺术教育管理机构审批，以此加强各方面的衔接、配合，以及提供必要的工作条件，然后交付具体工作部门实施。

（3）艺术教育过程的组织、协调与控制。这是学校艺术教育管理的主要部分，持续作用于整个艺术教育过程。其工作包括：为计划的实施配备人员，确定组织系统并适应情况变化调整安排，加强关系协调与信息沟通，以保证各自系统的协同性；进行人员的指导与培训，增强其艺术教育意识，提高其艺术教育能力，了解和掌握艺术教育进展状况及学生对其艺术教育效果的反馈信息，对照目标进行检查，针对出现的问题设计应急方案，及时纠正错误、弥补缺陷，修正计划与实施方案，促进艺术教育行为的规范化、科学化和艺术教育效益的提高；根据各部门、人员的努力程度与艺术教育绩效分别给予表扬、奖励等。以上工作能否顺利开展，直接决定着艺术教育目标能否实现，也直接决定着育人职能的实现程度。

对美术老师张淑华来说，她是切身感受到了史家小学艺术教育过程中的组织与协调关系。2005年9月，张老师刚到史家小学，10月份就有一场艺术节比赛。刚进校门没几天的张老师眼前一抹黑，不知道该怎样组织孩子们参加此次比赛，也不知道该如何做好自己的准备工作。这个时候，所有的艺术老师都在张老师身边鼓励她。劳技组一位老师的孩子正好那一年高考，但是为了帮助张老师，常常加班到很晚才回家。张老师感慨道："在史家小学的大集体中，大家协同努力，为了史家小学的荣誉共同进退，这样的校园管理模式真是太难得了！"她很快融入了群体，在这个大家庭里不断地提高自我。这种管理方式对实现史家小学和谐育人的理念起到了良性循环的作用。

（4）对专门艺术教育工作队伍的管理。学校必须建立起一支数量满足需要、人员精良、结构合理且能同心同德战斗的专职艺术教育工作队伍，形成学校艺术教育的主力军。对这支队伍成员的选拔、任用、考核、培训与奖惩等，是十分重要的艺术教育管理内容。只有做到高标准、严要求、管理到位，才能保证艺术教育工作卓有成效的开展。

学校艺术教育管理通过确立艺术教育目标、制订艺术教育计划、规范艺术教育行为、组织和激励艺术教育力量等工作，最终促进了艺术教育合力的形成和艺术教育过程的优化。

作为学校管理的特殊领域，艺术教育管理的顺利开展本身就意味着其艺术教育价值的实现。这也从侧面揭示了一个道理：能否充分实现管理的育人职能，关键就在于一所学校的艺术教育管理水平的高低。一所学校只有其艺术教育管理达到较高水平，才能大兴管理育人之风，管理的育人职能也才能得到充分的实现。

《国务院关于〈中国教育改革和发展纲要〉的实施意见》中明确指出，"要加强德育队伍建设，不断提高队伍素质，同时，要从政策和制度上保证教书育人、管理育人、服务育人的落实。"由此看来，管理育人作为全过程、全员性、全方位艺术教育的重要环节，必须受到足够的重视。然而，学校管理育人也有其特殊性。这首先表现在，学校管理育人的客体主要是学生，他们对学校管理者及其管理工作的形象十分敏感，具体表现在学生对教师的敬畏上。管理中的不足常因其思维方式方法的局限，而被不适当地放大。另一方面，对孩子从小的影响在纵深上都会辐射到较久远的将来。由此，管理育人更需要慎之又慎。

管理可以保障学校艺术教育工作的顺利实施。管理者及其管理活动对学生的艺术教育影响主要集中于三个领域：校务行政管理、教学管理、后勤管理。它通过制定并严格执行各项规章制度，直接引导、协调、规范和约束学生的思想行为，形成良好的行为习惯和学习、生活秩序，并对专门艺术教育工作部门及人员的工作及教书育人、服务育人的实施，起到支持、促进和监督作用。由此，保证了艺术教育的正确方向和艺术教育在学校工作中的主导地位。管理过程中针对具体问题的个别性艺术教育活动，则会直接促进学生艺术素养或兴趣指数得到提高，从而促进学校艺术教育的全面实施和艺术教育目标的实现。

充分实现艺术教育管理职能可以促进管理工作的完善。管理的有效性很大程度上取决于教师自身素质，也包括管理者对管理对象素质的促进。因此，育人是管理的内在要求，管理育人能使管理的职能更完整地得到实现。从一定意义上说，管理育人的实现程度是衡量一所学校管理水平的重要指标。此外，强调管理育人，会促进管理者深入了解教育对象，更新管理观念，遵循管理道德，改进管理态度、管理方法和管理作风，提高管理质量，并为管理工作塑造起一个良好的形象。这更是对管理工作的实际促进。

如果把领导的眼光当作阳光，那么这种阳光并不是随随便便地照耀在每个工作者身上的，一定是被管理者得知你在某些方面工作突出，获得了成绩，这眼光才会聚焦到你身上，你才能拥有更多的资源与机会，才会有更广阔的平台。反过来，这样的激励措施更能够促使教师不断努力。虽然在这个过程中可能培养不出什么大师来，但是在普及教育阶段，在这样的管理机制下，老师能够积极呈现给孩子艺术的美好，引领孩子去触摸艺术，那么这样的管理方式，就是不断完善的正确途径。

管理育人工作的大力开展有利于学校塑造良好的办学形象，也能保证办学目标的实现。办学形象是学校办学力量、办学水平和毕业生素质的综合体现。学校的各项艺术教育工作也需要管理来保证、支持、促进和监督。舍此，艺术教育可能会软弱无力。我们不能将管理的育人职能剥离出去，进行所谓的单纯管理，这会导致学生素质缺陷并由此影响其知识、能力等素质的发展，对艺术教育管理也不例外。

2. 制度建设

近些年，结合不断推进的工作实践，史家小学先后制订了《学校艺术教育规划》《艺术教育校本教研制度》《艺术社团建设制度》《艺术教育项目管理制度》《艺术教师和艺术辅导员工作职责》等相关规章制度，形成了较为完善的管理机制。由此规范了学校的艺术教育工作，确保了管理工作的统一有序，提升了学校艺术教育的整体水平，为学校艺术教育的可持续发展提供了有力的保障。

教育管理的一切活动，都必须服从于和服务于培养人和发展人的教育目的。学校的根本职责和使命是育人。要改革培养方式和教学方法，提倡探究式学习、实践性学习，培养学生兴趣，真正把育人落到实处。要尊重学生学习、发展、成才的主体地位，调动学生的主动性、积极性、创造性，实现每一个学生生动活泼、富有个性的全面发展。

管理是艺术教育的物质保障。作为管理者而言，只有千方百计、想方设法做好保障工作，才能为艺术教育工作提供有力的物质保证，否则就会拖艺术教育工作的后腿。学校社团每次有什么活动或者比赛，之前都要做充分的准备。因为学校的管理者非常清楚，每一次的活动和比赛背后都渗透着所有人的心血。所以，不管是在服装的制作、乐器的准备、舞台灯光的表现形式，还是在学生的出行安全、化妆、摄像等人员调度，以及学生的课程安排和活动的时间分配上，学校的管理者都是费了很大的一番心思。正是基于学校如此的支持，管理上积极的配合，才充分调动了教师献身教育、从事教育工作的积极性、主动性、创造性，为学校的每一次获奖添上一笔浓墨重彩。

史家小学对于艺术课程日常训练还有严格的考勤制度，一个学生一星期平均要训练 8 小时以上，而且每次训练教师都必须有针对性地指导，要提出教学计划，上报教学进度。除此之外，每学期学校还会邀请外聘专家亲自指导。同时学校也鼓励教师外出进修，学校提供资金、费用在内部培训教师，使得教师自身获得长足发展。

舞蹈教师谷莉老师说，当初自己要考国家民族舞评级，学校就给了大力的支持，不仅给予时间的保证，还解决了资金上的后顾之忧。后来谷老师学习踢踏舞，学校更是邀请国外的专业教师前来授课。这一点，谷老师感慨良多。实际上正是由于提供了这样优厚的物质保障，才让学校拥有了优良的艺术学习氛围。

育人离不开管理制度。内部管理从建章立制入手，用制度管事，用制度管人，是十分有效的。岗位职责不同，管理权限不同，评价标准不同。学校的管理者具有双重性：既是接受管理的客体又是承担管理和服务中"育人"的主体。在学校管理的每一个方面，都需要认真制定各项具体规章制度，确定校纪校规，并对之进行细致的讲解和落实，使学生对其重要性及内容充分认识，严格执行，这就帮助学生养成了良好的行为习惯，建立起良好的学习、生活习惯，树立起良好的校风、学风。总之，制度育人是管理育人最主要的途径。

实际上，每一名教师都是一个管理者，他们因为各自站位不同，进行管理工作出发的角度也不尽相同。史家小学的管理者，更多的是为学校的发展确立一个正确的航向，描绘整体的框架，确定长远的目标，让被管理者认可并且乐于接受。众所周知，主动热情为师生提供超前、优质、高效的服务，学校的工作就会得到师生的关心、配合和支持，就会形成相得益彰的管理效应。学校工作是一个有机的整体，教学工作离不开管理工作；而管理工作只有很好地服务于教学工作，才有实质性的意义。

为保证艺术教育活动的顺利开展，史家小学每年都拨付专项资金进行投入。充足的资金保障，使得各艺术学科发展有了坚强的后盾。此外，学校设有各种专业教室，其中音乐学科 9 个、美术学科 6 个、书法学科 3 个、舞蹈学科 2 个、厨艺学科 1 个、琴房 6 个，均是多媒体教室，配备了电子白板、多媒体投影仪、录音机、DVD。同时，还给每位教师配备了电脑、数码相机、摄像机等设备，为艺术教育的开展打下了良好的硬件基础。

第2节　教师管理：传递爱，传承温暖

范汝梅作为主管艺术教育的副校长，对艺术教师队伍管理很有心得。范副校长有一句在艺术教师中广为传播的语录："希望科任组的所有老师，在科任队伍中站稳、走远。"先生存，后发展，这一句话对史家小学的艺术教师同样适用。站稳，是生存的第一步。要想在史家小学艺术教育团队中站稳脚跟，教师必须对自己的未来发展进行准确的定位，找到明确的发展方向，然后依托史家小学广阔的平台，让自己在某一方面的能力或专长在史家小学具有"不可替代性"作用。只有这样，才算站住脚；否则，学校不给教师施加压力，教师个人也会深感心有余而力不足。站稳之后的下一步，教师就需要追求更高的职业目标，争取在艺术教育的道路上走得更远，在艺术教育领域有所造诣、有所作为。史家小学为每一位教师搭建了很高、很广大的平台，而教师如何把握机遇充分利用这个平台，就需要教师付出努力。史家小学会关注到每位教师的发展，不遗余力地提供各种各样的条件。

史家小学艺术教师团队有一种拼搏向上的精神，不断激励和挑战自我。史家小学的乐团从起步到发展，再到成绩辉煌，就体现了教师这种精神。最初组建乐团时是外聘教师授课，史家小学的教师更多的是做一种辅助工作，比如在课间维持学生秩序，放学做好值日，并没有进入乐团的管理。后来，范汝梅副校长意识到，永远借助外力只是最初发展阶段的权宜之计，但如果艺术教育真正在学校"生根"，必须增强自身的"造血"功能，让学校的艺术教师成长起来。在"我们不能对不起学生"这个最真诚、最直接的动力驱使下，学校一方面监控艺术教师的授课质量，一方面敦促学生平时的练习，与此同时还介入到乐曲的排练中，这敦促教师不断提高自身的演奏水平和艺术修养。可以说，乐团的演奏水平的提高，都是教师平时积累的结果。

史家小学的干部团队有一个共同的信条：对于教师队伍的管理，要想一

般教师勤业、敬业，作为干部首先要干在前面，做什么事情一定要先能做，并能做好。让教师佩服干部的业务能力，才能达到"不令则从"的效果。

范汝梅副校长是这个信条的忠实践行者。正如前文所说，她作为北京市屈指可数的音乐学科教学带头人，艺术教育理念和业务水平令每位教师佩服。她对学校的热爱、对教师的关爱以及无私的奉献精神也深深感染了全体教师。无论节假日、双休日，无论是排练或是外出演出，只要是有教师加班，范副校长肯定会与他人一起并肩战斗，有她在，其他教师心里总会格外踏实。看到范副校长丝毫不计较个人得失地付出，有些教师即使偶然闪过的一丝抱怨，过后也就烟消云散了。

通过范汝梅副校长对艺术团队的引领和管理，大家得出这样的结论：学校的干部在业务上要有一定的水准。这样，在比赛或课堂教学中，干部的点评或者建议到位和精准，会让教师佩服。在活动中，抱着一颗无私的心，干部会真正起到组织、协调的责任，在工作过程中流程清晰、明确分工，将内耗降到最低点，提高活动效率。干部还要奖惩分明，公平善良对待每一位教师。教师佩服谁，就会更加信服谁。

在任何团队中，树立正风、正气是非常重要的。良好的团队风气，会产生一种积极向上的力量，形成正确的舆论导向，让团队成员自觉地约束个人的言行，进而形成团队共同的价值观和行动方向。在史家小学，努力做事情的教师，学校会给予最大限度的认可。奖勤罚懒，是学校艺术团队共同认可的原则。

范汝梅副校长对每一位教师都严格要求。她每周都听教师的常态课，严抓课堂教学质量，让每一位学生在每一堂课上都能接受有品质的艺术教育。如果发现问题，她会负责任地指出来，但都是对事不对人，而且对所有教师一视同仁，以同样的标准要求所有的教师。她把每位教师的努力都看在眼里，竭尽全力地给予必要的支持和帮助。她给所有教师搭建平台，让每个人找准自己的位置，并鼓励他们努力做下去，就一定会有成绩。

史家小学有很多兴趣小组、艺术活动、艺术比赛，只要教师平时积极参与，学校就会认可教师的工作。范汝梅副校长坚信，史家小学的教师素质都不错，只要平时注重积累，肯于付出，一定会在教学或组织活动方面崭露头角。如果平时不付出，比赛时肯定不会有好成绩。教师参加教学大赛也是如此。教师要想在教学大赛中取得优异的成绩，必须注重日常课堂教学经验的积累。另一方面，在积累经验基础上，必须有反思能力和探索精神，再加上集体智慧，就会无往而不胜。

史家小学为教师发展提供了广阔的空间，这个空间既是指个人纵向的"发展前景"，也是指横向的群体中每位教师独具特色、不可取代的位置。对个人来讲，只要教师有能力、有愿望并肯付出，学校就将提供各方面的资源和条件，促进其更好更快发展。对教师群体来说，学校鼓励教师充分挖掘个人的优势，结合学校发展的需求"另辟蹊径"，而不必在某一个领域与其他教师"一争高低"。这样，可以实现个人发展与学校发展的双赢。

这就是学校在进行艺术教师队伍建设时注重的"整体调配"。简单说，就是发现每位教师的优势或潜能，挖掘每位教师的特色，有意识地引领教师发展方向，从而学校的艺术教师各具特色而又优势互补，在工作中强化协作的理念。学校鼓励教师发现自己的优势，并在某个领域深入地研究下去，学校为其创造条件，教师在实践中积累经验，不断调整自己的教学管理方法以适应学生的需求，最终形成自己的优势和风格。

对此，首先要充分考虑每一位教师的能力和水平，让教师自己去定位，充分发挥自身潜力，这是史家小学教师管理的要义。其实，对于普通师范毕业的史家小学大部分教师来说，在某个领域专业上的造诣，可能比不上现在的年轻教师，但是学校成熟的管理制度和完备的教师成长体系，促使教师能够迅速找到自己的特长，在干中学，在学中干，不断获得专业上的成长。

同时，学校给予教师充分展示的平台，尊重他们成长的选择。学校里有一位教师在刚入职时被大家亲切地称为"小睡猫"。这位教师的特点是业务水平很全面，但是不爱表现自己，在工作中的表现并非出类拔萃。范汝梅副校长经过一段时间的了解之后，认定这是优秀教师的"好苗子"，期待她有更精彩的表现。

那一年正在筹备北京市基本功比赛，学校整整一年时间没有给这位教师排课，让她全力以赴地准备比赛。实际上，这位教师并没有因为没有课而倍感清闲，相反，学校压了很多的担子在她的身上，让她体验到责任和信任带来的充实感。

果然，经过一年的历练，这位教师对工作的意义有了不同的认识，现在，这名教师成了音乐学科的骨干教师，做事踏实认真，考虑周全，做人也厚道，音乐组其他教师有事都愿意找她聊一聊，而她也总能以非常合适的方式予以化解。

这就是史家小学对待教师的方式，学校对教师不急功近利，可以为每一位教师搭台，也可以为每一位教师"等待"——让教师储备更多的能量，飞得更高。

即使是非常优秀的团队，也不可能每一个团队成员都出类拔萃。史家小学的校园文化中有一种特质是包容——包容教师的个性、包容教师犯的错误、包容教师的弱点。外界评价史家小学的教师优秀，但并不是所有教师在进入史家小学都能够一鸣惊人。他们在成长过程中会经历挫折，会出现各种各样的问题。史家小学教师允许新人在工作中犯错误，学校利用优秀教师引领团队发展，树立认真工作、肯于奉献、不求名利、一切为了学生发展的思想。学校允许教师的能力暂时有所欠缺，但不允许教师工作懈怠，责任心不强。

譬如，史家小学舞蹈团的谷莉老师和合唱团的李娜老师，她们刚刚走上工作岗位的时候，并不是马上就能做出赢取"金帆社团"的成绩。在学校教师专业成长体系之下，这些教师在经过不懈的努力后，逐渐具备了相应的能力和素质，并能在自己的领域继续深入钻研，这时学校的管理体制优势也得以发挥，给予他们充分的自主权力，让他们将潜能完全释放出来。

现在的史家小学已经发展到了 84 个班级，在班容量固定后，学校将相应固定课时，课时对应的学科教师也会基本到位。由于不断有新鲜血液补充进来，竞争让每一位教师都有忧患意识。但学校强调团队合作精神，有效避免了违反教育原则的恶性竞争发生。本着这样的指导思想，学校制定了切实可行的教师工作绩效评估方案，从自身成绩、集体参与及学生反馈等多方面、多维度对教师进行全面评价，有效激励了教师的工作积极性。

作为史家小学的一名美术教师，到史家工作的六年里，李阳始终觉得学校就是一个温暖的大家庭。在史家小学每学期都有几次重大活动，李老师从未感到手忙脚乱，反而每一次活动都能够从容应对，处理得井井有条。她说，这主要依赖于学校领导的统筹安排和精心管理。每逢重大比赛或活动，学校领导都会进行细致周到的组织，并且事事想在先、做在前，减轻老师们的压力，使老师们在时间紧、任务重的情况下，少一些忙乱，多一些从容。有一次，李老师发现范汝梅副校长利用中午吃饭和休息时间，亲自在演播厅布置画展，几百幅作品，范副校长又是分又是摆，可她却没有通知任何一位美术教师来帮忙，就是为了让老师们中午能吃顿踏实饭。李老师感动不已，她觉得一个校领导都能身先示范，带头工作，自己做起事来更是动力十足。

学校每年都为教师组织多姿多彩的活动，丰富教师的业余生活。"泛舟什刹海，庆祝教师节"活动；十一国庆节大型灯火晚会；教师及家属家庭游；"月圆史家"中秋庆祝活动……这些活动营造的和谐氛围为老师们创造了全身心投入工作的环境，虽然忙碌，但这种喜悦却能化解工作的紧张与疲劳。在李老师身边，每一位教师都传承着爱岗敬业的优良传统，大家选择了史家小学，也选择了奋斗，在这样的管理氛围中，大家都乐于作出自己的贡献。

史家小学管理层包括中层领导及教师之间都是以关爱作为黏合剂的。学校领导常说的一句话就是：所有为学校工作的员工，为史家小学付出的不仅是时间、精力，更重要的是付出了心血。那么，学校对工作人员除了管理到位，更要关爱到家。譬如对于教师孩子的入学毕业、个人家庭、生活困难等问题，学校积极帮助解决，让老师们安心工作，全身心投入到艺术教育的工作中，没有后顾之忧。这不仅增强了教师的忠诚度，也让教师以校为家，践行史家精神。

教师为学校工作，在工作中付出了时间与精力，还有其他更多的付出。学校对教师的关爱，使教师甘愿去付出，觉得这些都是值得的。学校领导认为个人的家庭问题如果没有处理好，是不可能安心工作的，所以，有些教师解决不了或关注不到的问题，学校会主动替教师考虑，为教师排忧解难，比如孩子的入学升学问题。这些问题解决了，教师才能踏实工作，这就是学校对教师全方位的关爱。有了这样的关爱，教师能够全身心地投入到教育工作中，对学生也更加关心，学生体验到之后，会反馈给家长，反馈给学校，甚至反馈给社会，这样的教育就成功了，这样的教育就产生了深远的影响，互相之间的关爱和互相之间的影响，产生了非常大的能量，它把爱传递到人的心底，把人心的温暖又传承了下去。

第3节　教师发展：远景决策的战略重点

史家小学以和谐办学理念为指导，提倡以艺术教育方式培养孩子全面发展。在史家小学的教育实践中，涌现出大批优秀教师。他们能够合理地平衡社会各界对自己的要求，在与学生和谐相处中，大幅度提高学生的学业成绩及各方面综合素质，并在科研方面有所作为。

学校认为，一名好教师最起码要在职业道德、人格魅力、专业知识与教学技能、科研水平等一个或多个方面有突出贡献。但由于不同教师之间的个体差异，即使同样被认为是好老师，也会体现出迥异的教学风格和效果。

在史家小学的艺术教育领域，学校正在锻造一支职业信念坚定、师德高尚、专业基本功强、具有一定艺术造诣的艺术教师队伍。为此，学校为各艺术学科配齐了专业艺术、专职管理教师，定期开展教研活动并做到制度化、规范化，积极创设条件为艺术教师进修学习、艺术实践提供支持和保证，每学年提供1~2次专业知识培训，同时要求教师每学年上缴1~2篇教学论文，并力争在全市、全国论文评比中获奖。

1. 营造高雅的艺术气息熏染教师

学校从远处着墨，通过营造高雅的艺术气息来熏染教师，从而培养出洋溢着浓郁艺术气质的高品位教师。这样的教师以其浓郁的艺术气质，来影响、感染学生的意志品格。

苏霍姆林斯基曾说，音乐的教育不是培养音乐家，首先是培养人。这给予史家小学以启迪，令其从"大艺术教育观"的新视角，去审视学校的艺术校本教研，以全新的思维，跳出教学的"本本"（教材），挖掘丰富的艺术教育资源，熏陶、培养教师，提升教师的艺术修养。这样，一大批品德高尚、情趣高雅、志向高远的优秀教师，用激情点燃激情，用诗意演绎教育，用人文艺术穿透学生的心灵。这一做法，不只是局限于对音乐、美术、艺术教师的要求，而是追求全体教师高层次的文化品位。

在史家小学从事艺术教育的工作者，常常说起自己作为史家小学的教师很幸福，作为史家小学的艺术教师更庆幸。因为学校为了让这些教师更多地接触艺术形式，感悟艺术精品，感受艺术氛围，提高艺术鉴赏力和自我艺术修养，每年都投入专项经费，保证艺术教师参与到全区、全市或全国的各种文化艺术交流活动中学习、锻炼，不断获得专业及各方面素质的提高。如学校组织校内各大艺术团体参加国内外的各项活动、比赛，组织青年教师、骨干教师在全国各兄弟院校内交流、学习，邀请知名的艺术家与艺术教师同台教习，或聆听他们的讲座，观摩他们的现场指导，等等。

艺术教师在学习、交流中，领略了艺术的魅力，拓展了艺术的视野，丰富了艺术表现力，完善了自己的艺术教学。

2. 提供广阔的校园环境空间，让艺术教师自由创作

艺术是一项实践性、创造性很强的活动。艺术教师的特质决定他们需要用一种恰当的表达方式和表现形式，传递自己的艺术感受，呈现自己的艺术创造。

史家小学在校园环境美化上，充分发挥艺术教师的艺术创造力，让他们拥有自己灵性的创作空间，打造出多彩的校园环境。一座雕塑、一条艺术画廊、一个标语牌、一段午间音乐、一个功能室的设计等等，无不洋溢着这些教师的艺术个性和特色，透出他们的审美眼光和艺术水准。

金帆舞蹈团、金帆合唱团、管乐团、小剧团、书画组、茶艺社等艺术团体，既活跃了孩子们的课余生活，也丰富了艺术教师的艺术实践，提升了他们策划、组织艺术活动的水平，培养出了一大批复合型艺术教师。

丰富多彩的艺术实践滋养着史家小学的艺术教师。他们也不断用自己的激情和智慧，为史家小学的艺术教育增添无限的韵味。大气、雅气、洋气的史家文化，已经渗入到这些教师的骨髓里、细胞中，浸润在他们的心田和灵魂里。而又是他们，把这种文化的神韵融入到校园里的作品中，凝固成史家小学不变的风采。

3. 搭建区域、校际交流平台，扩大艺术教师的对外交流

多年来，由史家小学倡导并牵头组建的艺术交流网络，为北京市少儿艺

术教育工作作出了积极的贡献。目前，它已经成为各校艺术教师公认的最好的交流平台之一。在这里，负责网站内容更新管理的艺术教师，扩大了与外校同行的交往，在夜以继日的学习、交流中，实现了"双赢"乃至"多赢"。

史家小学还与国内外的许多学校建立友好文化交流关系，进行互访活动。如日本、英国、瑞士等国的小学等，彼此互派艺术教师、学生艺术团进行艺术交流。

学校还建立了各种各样的艺术沙龙，如召集音乐教师参与的音乐沙龙，美术、书法教师参与的青年书画爱好者联谊会等。

史家小学的教师就这样徜徉于中外艺术、民族艺术、地方艺术的斑斓画卷中，激发起高涨的创作热情和教育教学的激情。他们把交流中的所看、所学、所思、所悟，融入自己的作品中，体现到自己的课堂或社团中，与孩子们一起编舞、编歌、编剧、作画，发挥得淋漓尽致。

4. 立足课堂，走进教材，促进艺术教师专业成长

如果说远处着墨，是立足于培养立体的、饱满的、完美的艺术教师。那么，从近处着手则是立足于课堂，走进教材，促进艺术教师的专业成长，提高他们的专业素养，把他们打造成研究型、反思型、专家型的教师。

通过教育实践，学校总结出校本教研的有效模式——同题研究，这是促进艺术教师专业化发展的一个有效的方法和途径。通过教师上同一课题这种途径，使得每位教师都非常认真地去钻研新课程标准，推敲确定三维目标，寻找教学理论支撑，精心设计教学环节，课堂因此呈现出异彩纷呈的局面。

同时，教师间相互观摩取经、教学相长，在教研活动中，充满着民主的学术气氛。不论职称高低，资格深浅，大家敞开心扉，直抒心怀。每个人都充分陈述自己的观点和见解，相互倾听，了解和尊重各种不同意见，新的想法和观点在相互交流碰撞中不断迸发。

这种以课例为载体，强调行为跟进、实践反思、伙伴合作、专业引领的实践形式，有效地解决了先进的理念向教学行为的转移，有利于深入学科教学研究，切实改进教学行为。在研究同伴的启发下，这些教师用新的视角审视自己的教学设计，打开了思维，跳出了自我封闭的局限，以集体研讨为提升平台，以专家指引为拉升牵引，使他们的专业技能突飞猛进。

5. 以研究课例为载体，在反思中成长

史家小学的艺术教师，根据学科类别分成美术组、音乐组、劳技组和书法组。他们以小组为单位，每周开展 2 课时的校教研活动，隔周参加一次区教研活动。在教研活动中，教师以学科教学和艺术活动为重点开展教学研讨。在平时的教学中，教师也通过集体备课、听课、评课等形式提高自身教学水平。学校规定每位教师每学期听课 20 节、完成组内教学研究 3 节，同时要根据自身的特长或优势组织学生开展艺术类活动。

史家小学的教师还以课例为载体，围绕一节课的课前、课间、课后进行一系列实践和反思活动，成立了一个"问题沙龙"。

他们利用周二、周五的教学研究日，一起聚焦课堂，发现教学中的难点、热点问题，发挥集体智慧，进行研究。其中，每个教师都必须确定一个研究小课题，诸如《如何在音乐教学中开展主题活动》《如何在新课标下创造性地进行美术教学》《如何发挥书法教育德育的功能》等等，这样的做法让教学研究回归自然，回归常态，回归问题。

在课题研究中，由市区骨干教师和有经验的教师与校内青年教师结成的师徒对子的形式，也对促进艺术教师的教学水平和专业成长发挥着积极有效的作用。在研究过程中，这些教师感受到真实、朴实、扎实的教研文化，都愿意自觉投入到教学研究中。

针对学校青年教师多的特点，史家小学狠抓了青年教师的培养。虽然目前青年教师都经过专业的培训，有较扎实的学科基础，可塑性大，教学热情

高，但实际教育教学经验却明显不足。针对这一情况，学校制定了"青年教师拜师制度"，为年轻教师配备骨干教师为师傅，并且规定了每学期师徒互相听课、评课不少于20课时。师傅要承担为徒弟修改论文、协助承担公开课、进行专业知识辅导等相应的任务。

这种以老带新的机制，以师德为前提，以理论为先导，以范例为榜样，以改革教学模式为重点，以岗位练兵为手段，以提高质量、撰写论文为成果，充分发挥老教师传、帮、带的作用，使青年后备教师更快地熟悉学校的艺术教育模式，从而得以迅速成长。

史家小学还建立激励机制，同时大胆启用优秀青年承担学校的重任，形成了"培养—使用—激励—提高"的良性循环。一大批青年教师脱颖而出，学科组长、年级组长及学校正副主任大都是青年教师，还有不少年青教师参加各级各类竞赛并获奖，有的青年教师则成为了市、区级的学科带头人。

6. 以专家引领为动力，在分享中升华

专家引领是促进教师在教研活动中成长的关键问题。学校邀请了一些市、区教研员等作为学校的专家顾问。他们具有前瞻性、学术性、研究性、综合性的研究成果，可以给学校最直接、最及时的帮助。

在课例的讨论过程中，专家们针对教师遇到的具有内在不确定性的、复杂的教学情景，作出解释和决策，与处于"现实情景"中的教师对话，交流与分享彼此的经验。由此双方逐步体会和领悟一个具体教学课例所蕴含的课程发展理念，重组、修正各自的认知结构及专业理论，进而获得建构理论和专业成长的机会，升华自我。

7. 重视学习，开阔视野

精湛的业务功底是衡量一名教师是否优秀的重要因素。"让学习成为教师的需要"是学校一直追求的奋斗目标。

学校经常利用各种机会以各种形式向教师传达新的观念，传递新的信息，引导教师要加强学习，及时"充电"。学校将教师学习作为学校的一项制度，对教师理论学习的内容和学习量都作出了明确规定，如要求教师的理论学习必须以教育理论为主，要与自己的学科教学密切联系，要根据自己的实际需要，有针对性地学习并及时整理读书笔记。

为了激励和督促教师学习实践，史家小学还定期举办理论学习笔记展评，开展理论学习交流，积极组织各项比赛和活动，为教师提供展示自我的机会，搭建相互交流切磋的平台。

史家小学鼓励教师对外交流，在时间上给予保证，在经费上给予支持。学校每两年组织教师外出参观学习一次。艺术类教师近些年曾到过浙江、上海、广东、辽宁、贵州等省市，与当地的艺术教师进行艺术学科的深度研讨。此举使教师开阔了视野、丰富了阅历，艺术感知力、鉴赏力也得到了相应的提高。

史家小学始终把培养和提高教师专业水平、综合素质作为远景决策的战略重点。每位教师都明白，只有学习才能增强自身的能力，优化自身的素质，才能胜任新观念、新思想下的教育工作。目前，学习已经成为全校教师提高工作质量的保障，成为了教师实现自我价值不断向前发展的需要。近年来，在市区级艺术教学成果展示中，史家小学取得了骄人的成绩。音乐教师范汝梅、美术教师张跃东分别参加了新课程改革试验教材人民教育出版社版《小学音乐》和人民美术出版社版《小学美术》教材的编写工作，并参与了相关教材的培训工作。在参加各种评优课公开展示活动中，美术教师获得全国现场教学公开课展示一等奖，美术、音乐和书法学科 5 人次获得北京市教学评比一等奖，9 人获得了区"东兴杯"教学大赛一等奖，10 余名教师在全国、市、区开设各学科的教学公开课、示范课。

第4节　家校协作：艺术教育的另一对翅膀

史家小学的艺术教育现在取得了辉煌的成就，这一点归功于学校对艺术教育的重视，也同样归功于史家小学有一支专业功底强、讲究奉献的教师队伍。国家规定的艺术类课程有限，如果只依靠规定课时内的艺术教育，肯定不能取得现在的成绩。要想出成绩，那就要靠教师利用课余时间辅导学生。对于那些有爱好、有需求、有意愿在艺术方面进一步学习的孩子，艺术教师从来都来者不拒、不遗余力。

学校对艺术教育的支持，让艺术教育插上了翅膀。史家小学力求给学生专业的启蒙和训练，因此只有学校教师的力量也是不够的。学校聘请了艺术类专家来提升艺术教育的理念和品质，并给予艺术教育以机制保障和物质保障。

史家小学艺术教育的实力，是学校、教师、外聘专家和教师、家长等多方面合力的结果。而孩子是这个合力的最大受益者。社会力量、学校力量等多方面的合作，就是为了孩子们能够全面地、健康地、快乐地成长。

有的家长心气高，总觉得孩子应该学什么成什么。这时，学校教师通过各种方式做家长的工作。如果孩子学的内容不适合他，就不要难为孩子，因为每个孩子在艺术面前的长短板是不一样的，会画画的不见得会唱歌，能跳舞的不见得能去吹乐器，要尊重他们个性化的东西，不要因为一样乐器没学好，就让这个孩子的自信心受到毁灭性的打击，那是得不偿失的。宁可不学，也不能让学生受到伤害。

史家小学艺术社团的建设离不开家长的支持。许多家长向学校表达过对学校艺术教育的支持，因为他们意识到，艺术教育对人的全面发展起到非常重要的作用。学校无论是组织艺术类活动，还是组建艺术社团，都会得到家长不遗余力的支持，提供时间、物质各方面的保障。在全北京市管乐团逐渐缩减的情况下，史家小学还能保证每个年级都有一个标准的能成型的乐团，有的乐团学生数量达到 90 人，这与家长的认可和支持密切相关。

史家小学多年的艺术教育实践取得的成功经验之一，就是家校协作。客观地说，家长功利性的教育观念是存在的。但是，许多有远见的家长认识到了学生在小学时代接受的艺术熏陶和训练对于学生终身发展的重要意义。小学时代学生练习吹号、合唱或其他艺术活动，将来未必以此为生，但是这种艺术启蒙会丰富他们的精神生活，提高生活品质和增加生活色彩，在舒缓情绪、促进人际交往等方面发挥作用。在史家小学，绝大多数学生都会参与各种各样兴趣小组的活动，包括在很多人眼里不是多么有成就感的书法类的学科当中，家长和学生都抱以很大的热情，参与程度和投入程度让书法教师很欣慰。家长的支持给孩子提供了非常好的土壤，学生得以在宽松的氛围中发展自己的爱好，享受艺术活动带来的愉快体验。

家长的支持和认可给予学校艺术教师很大的激励，同时，学校有了更多的空间和能力充实师资，开发课程，形成良性循环。

第5节　团队精神：发扬"史家人"的优良传统

史家小学艺术教师团队注重发扬史家精神。以此作为自己岗位工作的最大动力。

什么是史家精神？这个命题曾经在全校范围内征集过意见，大家你一言，我一语，有说"合作"的，有说"温暖"的，但是被大家拿来反复念叨的就是"和谐"。这个和谐是一个动态的过程，它讲求在"奉献、积累、互动、引领"中不断前进。

史家小学教师的标准是：师德高尚，行为楷模，理念领先，全面育人，热爱学生，关注全体，教育教学，技艺高超，刻苦勤奋，博学多才，精心细致，尽职尽责，善于合作，顾全大局，举止儒雅，态度谦和。史家小学在此基础上多次开展"为人、为师"与和谐教育理念大讨论，由此在教师队伍中树立了"史家精神"。

史家小学号召全体教师发扬"史家人"的优良传统。学校注重抓师德、师风建设。教育每一位教师要努力树起三种形象：崇高的道德形象，使学生敬服；渊博的智能形象，使学生佩服；高雅的美感形象，使学生悦服。这样，教师在学习中提高，用制度来规范，用舆论来约束，对教师成长既晓之以理，又动之以情，既宣传法律法规，又提倡奉献精神。这些做法，已成为学校加强师德建设的成功经验。

史家小学的艺术教师们可敬而可爱。说他们可敬，是因为每一项荣誉背后，都有他们不计名利、无怨无悔的付出。每个课间、放学后，甚至每个双休日，都可以看到教师们在学校里忙碌的身影。史家小学艺术教师团队注重发扬史家精神，在这基础上形成了独具特色的团队精神。在史家精神的影响下，艺术教师们不断追求集体的和谐，不会因为工作的事情发生争吵，在和谐的氛围中，每位教师付出的辛勤汗水，收获了更多的成果和幸福。

史家小学艺术教育团队最常说的一句话是："为集体荣誉而战！"无论是组织活动还是参加比赛，在说起"团队"这个词时，史家小学的艺术教师都能自觉地意识到：自己代表的不是一个单独的个体，而是一个团队，是史家小学的形象。教师们并不是为个人荣誉而努力，而是为维护学校的集体荣誉而战斗。

每位教师身处集体之中，都有自己的位置，都要作出自己的贡献。在团队中工作，艺术教师能互帮互助，真诚合作，这一点体现得特别明显。在组织活动和参加比赛时，教师们不是明里暗里、你争我抢，想着自己出风头，而是谦让有礼，不夺不吵，这个活动轮到你，下个活动轮到我，再下个比赛轮到他，自然有序。轮到某个教师参加比赛时，别的教师不是在一旁袖手旁观，而是会主动帮忙，帮忙的同时给自己充电，多从中学习，可能下次就轮到自己参加比赛了，要提前作好准备。组织活动或参加比赛时，不仅参加的教师忙，其他教师都跟着一起忙，因为这时参加的教师代表的不是自己，而是艺术教师这个整体；最终呈现的结果不是参加的教师一个人的努力，而是艺术教师这个整体的努力。艺术教师是为了集体荣誉而战，不在乎某一次活动或比赛由谁参加。

艺术教师的无私奉献，学校从上到下，从领导到学生，每个人都看在眼里，记在心里。提到艺术团队的奉献，首先是专业上的奉献。艺术团队现在能取得这么好的成绩，获得这么多的荣誉，完全依赖于艺术教师在十年、二十年的工作中，不断学习积累，不断超越自我的各种努力。有些教师所学专业和现在所教学科是不同的，但对学科的专业追求从来没有停止过，甚至比他人付出更多汗水来耕耘这片自己原来不擅长的领域。

其次是对学生的奉献。每到周末，在学校看到加班加点工作的都是艺术组的教师；每到寒暑假，利用假期时间训练的也都是艺术组的教师。艺术组的优秀成绩是怎么得来的？就是这样在时间上不断积累出来的。管乐团有三个团，在进行期末汇报演出时，来听演奏的家长非常震惊，能明显感觉到整体水平有大幅度的提高。很多家长都没有想到，自己的孩子能把乐曲吹得这么优美。别看教师在平时经常用飞信联系家长，今天说孩子这个星期哪里练得不好了，明天打电话问孩子怎么又没来参加练习，后天又有别的事，但是在孩子学习、成长的过程中，教师一定要得到家长的支持，要双方共同努力才能使孩子坚持下来。孩子只有在不断坚持的过程中，才能获得掌握乐曲的能力，才能有一场优秀的汇报演出。演出得到家长的认可，孩子在乐团一年的训练没有白练，教师一年的汗水没有白流，这就是艺术教师最大的满足了。

艺术团队中体现出来的关爱从校长、书记开始，到中层领导，再到教师，教师之间、教师对学生、学生对教师，也无处不体现着互相之间的关爱。范汝梅副校长处事的原则就是真心面对大家，真心考虑别人的困难，能帮忙的尽量给予帮助，经常通过电话或短信嘘寒问暖，关爱同事。人与人之间其实很简单，真诚的关爱就能拉近人们之间心的距离，使大家团结在一起。

史家小学的一种"魔力"，让教师付出汗水，却乐此不疲；让教师承担压力，却欲罢不能。这一切都在昭示：这里是教师追求职业理念的地方。对年轻教师而言，在史家小学成长是非常幸运的。

张冉老师2008年进入史家小学，成长很快。在她将近四年的工作经历里，有三件事情让她印象深刻。2008年的暑假，学校舞蹈团要参加奥运演出的活动。这是张老师第一次面对如此艰巨、繁重的演出活动，她从来没有带领几十名学生外出参加这种大型演出的经验。整整一个暑假，是范汝梅副校长和师傅谷莉老师亲力亲为，帮助她熟悉舞蹈团日常排练和演出的流程。从每天的排练开始，早上她第一件事情是清点舞蹈团学生人数，然后订午饭、排练，中午看学生洗手吃饭、睡午觉。午休前她都会给学生们抹上"蚊不叮"，教室门外喷上灭蚊剂，保证孩子的身体健康。一次为了8月6日午门火炬起跑仪式的演出，5日晚排练到晚上9点多钟，当晚就住在了学校。假期这段艰苦又光荣的经历让她感受到只有加倍努力才能成为合格的"史家人"！

2009年的暑假，张冉老师的师傅谷莉带着她一起编写学校的舞蹈校本课程，这是一次光荣又艰难的任务。摆在眼前的困难很多，压力特别大，因为编写教材成书不是一件小事，前期要做大量的准备工作，要筹划、查阅各种书籍和光盘资料、给学生照相片、找图片，创编新的动作，设定主题单元，等等。在这期间，他们不知有多少个日子天天泡在学校的办公室、舞蹈教室里反复讨论，创编。师傅谷老师做事一丝不苟的精神也深深地影响着她，让她不能有一丝懈怠，争分夺秒地思考、查阅、创编。这个过程是艰辛的，但又是愉快的，师傅精益求精的严谨作风让她学到了很多。

史家小学艺术育心的理念随处可以体现。校庆就为孩子们提供了一个非常好的展示平台。张冉老师给低部的学生们排练《守株待兔》节目，排练的任务很紧急，压力很大，张老师提前记录下每一个场景的音乐节拍、音乐时间、旁白、舞蹈动作、舞台位置。学生要一边表演一边跳，这对一、二年级学生来说是个挑战，他们又要记住舞蹈动作和舞台位置，又要在跳舞时想象自己与主人公表演时的对话。张老师就想办法在排练中由她充当主人公哥哥、弟弟的角色，和学生一起表演，对话的部分单独练习队形位置，就这样，学生慢慢熟悉了自己的站位，也明白了在哪段舞蹈动作后要穿插和主人公对话等。后来因为甲型流感的蔓延，很多参加排练的学生都生病了，她就逐一给学生们细抠动作，提高效率。困难被一一克服了，最后孩子们的演出很成功。张老师想，只有史家小学这样一个艺术育心理念的学校，才能给学生提供那么好的锻炼机会和展示的平台。

李润红、杨明、温丽丽等史家小学的"新生力量"，正在学校整体氛围的影响下逐渐成熟。李润红记得，为加强她的专业素质，她的师傅在周六为她"开小灶"，学习踢踏；师傅告诉她每次上课之前都要认真备课，多与学生交流，不断改进教学方法；师傅一次次孜孜不倦的指导使她在课堂教学上得到了很多经验。每一次听课，师傅都是详细记录下她在教学环节上出的错误和需要改进的方法。课间的时候，就及时纠正并给予鼓励。最让她感动的是师傅那一行行的评课笔记，记得密密麻麻的。

杨明写道："作为'史家人'我6岁了，在这6年中，我收获着努力的快乐——学校为年轻教师搭建一系列成长的平台；收获着同伴的帮助——在'东兴杯'、基本功等大赛中，所有老师通力协作，共为史家创作佳绩；感受着和谐的氛围——领导、同伴、家长、学生在和谐中合作，在爱中成长；感动着每一位教师无私地付出。6年中，'史家'教会我体会爱，理解爱，教会我学会爱学生，爱事业，爱生活。6年的'史家'生活虽然不长，但是它坚定了我在以后的教育之路上认认真真去学习，扎扎实实干工作，用诚心、精心、细心、耐心的态度去向前辈学习；用勤学、勤问、勤看、勤听的方式去向我的前辈求教；以成长、成熟、成才的标准在史家的这片沃土上带着爱飞翔。"

和谐教育在史家小学的艺术教育工作中无处不在，就日常的教学工作而言，建立融洽、和谐的师生关系，则是实施和谐教育的前提。闫瑶瑶老师在和谐教育理念的熏陶下认识到了这一点。

与班里大多数同学不同，一年级的小A在经过了多半个学期的校园生活后，仍然缺乏基本的纪律性和对集体的认知。大多数老师反映，小A经常在课堂上有随意做动作，出声音，做鬼脸，影响其他同学的行为。在这些老师的耐心教育和辅导之后，他仍然没有改正自己的问题，大家都认为这个孩子难于进行教育和管理。同样的，在音乐课堂上，也存在这种问题。出怪声，乱动，影响其他同学，甚至自行离开座位等行为，都会在小A的身上发生。

闫老师开始遇到这些情况时，也像其他老师一样，对他进行了耐心地教育，希望他可以改正自己的坏习惯，自己进步，也不要影响其他人，但是却收效甚微。相对于其他的孩子，他似乎在与老师的沟通上出现了很大困难。而通过与其他孩子聊天了解到，小A在课间时经常与其他小朋友一起玩耍，并没有出现闫老师一开始所猜想的自我封闭的情况。于是她进一步判断，可能是小A在课堂上犯了一些错误，受到老师的批评和教育，之后又不断重复，导致了在他心中出现了一些对老师的恐惧和反感。有了这一猜测，她就开始尝试是否有办法与他建立起一种简单的信任关系。

有一次音乐课上，闫老师进行简单的节奏听记，偶然发现，这个孩子虽然还是会出现之前所提到的一些问题，但是他对节奏的感知能力要比其他同龄孩子强，教师所拍打的节奏他听一遍就能准确地模仿出来。于是闫老师开始注意他在这方面是否有更突出的表现。经过进一步的观察，她发现这个孩子与同龄的孩子相比，节奏感和乐感强很多。于是她抓住小A这一特点，在课堂上会特意给他表现的机会，并给予相应的肯定与鼓励。渐渐地，她发现小A在课堂上的表现越来越好，之前走神、不听讲的问题随着他自信心的建立逐渐消失了，在音乐课上他获得了被欣赏的心理体验，便慢慢提高了对自己的要求。

于是闫老师找时间与小 A 单独聊了聊。小 A 对闫老师说，因为闫老师经常表扬他，所以喜欢上闫老师的课，愿意听话。闫老师非常欣慰，也觉得之前的猜测得到了一些印证。她想进一步巩固这个孩子的进步，于是跟他聊起了他在其他课上的表现。不出意外，他说他并不喜欢某几位老师，因为她们总是批评他。闫老师很耐心地跟他讲，既然喜欢闫老师，也应该喜欢这些老师。因为这些老师都是为了小 A 好。如果小 A 在其他课上表现好，这些老师肯定也会表扬他的。小 A 看似有点犹豫地离开了。闫老师很快找到了小 A 所在班级的班主任，提及了小 A 的情况。班主任老师认同了闫老师的想法，并决定一起继续建立小 A 对其他老师的好感。之后班主任老师也采用了类似的方法，逐步建立了与小 A 的沟通渠道，让他愿意和老师聊天，愿意说出心里话。

后来，小 A 升入二年级，大部分老师反映，之前小 A 身上的那些问题，已经几乎见不到了。一方面是小 A 大了一岁，各方面成长了，另一方面，他对各位老师有了好感，愿意听话了也是一个重要的原因。

通过小 A 的案例可以让我们看到，如今在新课程的背景下，处理学生问题的方式方法要有所改变。老师每天面对突如其来的新情况、新问题，尤其是面对犯错的学生时，要注意冷静思考，细致地研究，寻找问题解决的最佳途径。过去那种板起面孔、急风暴雨似的训斥做法早已不合时宜，讽刺、挖苦甚至体罚的做法更是损害学生的自尊心，挫伤学生的积极性。所以要学会不能戴着有色眼镜看学生。与此同时更要学会欣赏学生，教师只有懂得欣赏学生，学会欣赏学生，善于发现他们各自的独特之处，善于抓住时机赞赏他们的进步和闪光点，才能激发学生自我实现的信心和动力。学生才会加倍努力。这时，教师的期望才会得到实现，才能让和谐之花盛开在每一个孩子的心中！

第 15 章
教师成长个案

　　成长是一个过程，是一种岁月的沉淀，也是生命的历练。当一个年轻教师走上三尺讲台，就注定要在这条路上挥洒汗水，浇灌希望。史家小学，有一支勤奋好学、敬业爱岗的年轻教师队伍，他们在史家小学艺术教育这块肥沃的土地上，默默耕耘，播种希望，收获幸福。

　　他们走过的艺术教育之路，如画如歌，有欢欣，也有困惑；有笑声，也有眼泪……他们这样一路走来，一路风尘；一路走来，一路收获。他们走过昨日的迷茫和疑惑，坚守着追求的执著。他们领略了"蓦然回首，那人却在灯火阑珊处"的感悟和喜悦，又不断踏上新的征程，跟阳光下的孩子们共同成长着。

　　这支年轻而富有朝气的艺术教育团队，正以创新思维为动力，以艺术实践为抓手，为构建和谐、优雅的艺术校园，打造孩子们美丽幸福人生，挥洒着辛勤的汗水。他们在默默中前行的身影，正在凝聚成史家精神永远不倒的丰碑。

第1节　乐动下的舞影

曲催韵急舞衣轻，玉足轻扣声绕廊。飘然转旋回雪柔，婉转低回莲破浪。汉傅毅《舞赋》曰："歌以咏言，舞以尽意。"舞蹈的媒介在于人体本身，它以独到的舞蹈语言和审美通感表意传情。史家小学的踢踏舞教师谷莉，正是秉持育人的爱心，用自己独特的舞蹈语言和审美通感，完成了一段传奇般的习舞、授舞之路。

让我们一起感受她十几年的风雨"舞之路"吧。

谷莉老师不是舞蹈科班出身，是一个半路出家的舞者。中专毕业后，谷莉老师在一个普通的学校工作了一年。因为喜欢，谷老师凭着自己的聪慧和勤学苦练，转变了自己的教学方向，改习舞蹈。

一年以后，谷老师到了特教学校去教聋哑孩子。对谷老师来说，聋哑孩子更需要舞蹈，因为他们听不见音乐，说不出对世界的感受，只能通过肢体语言与外界交流，而舞蹈就是肢体语言的集中表现形式。

谷老师为了让孩子们跳的舞姿能够与音乐的节奏合拍，花费了很多的心血，绞尽脑汁想了很多办法。慢慢地，谷老师养成了一个习惯，就是站在孩子的角度去思考问题，发掘更多的方法和渠道，将自己想教授给孩子的知识和技能有效地表达出来。

谷老师热爱舞蹈这份事业，在特教学校一待就是十年。十年磨一剑，谷莉老师已然如出鞘宝剑，从此可挥洒出自己精彩的人生诗篇。

离开特教学校，谷老师来到了史家小学。与特教学校不同的是，以前学校的孩子一个班最多才12~15名学生，而史家小学一个班就有50名孩子，看都看不过来。史家小学的工作量是成倍的，需要付出更多的汗水。

虽然史家小学的孩子天分好，很聪明，都是健全的孩子，但是带好如此多的孩子，确实不是一件容易的事。谷老师最初来史家小学，是以体育教师的身份来的。那时候，课时不多，更多的时间是教体育，在教课过程中，谷老师摸索出了调控数量众多学生的能力。具备了这一能力，谷老师在课上如鱼得水，不久，她逐渐从教体育课转而教孩子形体。

成为学校的舞蹈教师后，谷老师作为后备师资补充上来，接下了舞蹈的所有课程。那个时候的谷老师是学校任课最多的教师，一周课时能达到21节。每天从早上7：40到学校，一直到下午5：00都不能回去，一天上6节课是经常的事情。谷莉老师豁出去了。功夫不负有心人，谷莉老师带的舞蹈团当时排了三个节目，都拿了东城区一等奖。其中，两个学生的节目，被选拔出来参加市里比赛，为史家小学带来了荣誉。

其实，谷老师在特教学校的时候，舞蹈教学对她来说就是信手拈来的。1995年，谷老师带聋哑孩子参加全北京市的舞蹈比赛还拿了一等奖。当时全市一共只有三个一等奖，特教学校的孩子拿到一等奖是相当不容易的。所以，谷老师一下子就名声在外了。后来，谷老师给特教学校的孩子们排练的舞蹈多次参加全国比赛获奖，并去参加电视台的演出。那些年的锻造，使得年纪轻轻的谷老师早就成为区级骨干。

可是，谷老师没有被这样的光环眩晕头脑。到了史家小学，谷老师才真正感觉到，学校需要的绝不是一个简单地教孩子跳舞的老师，而是一位高素质的真正的教育者。

2001年，谷莉老师刚到史家小学时，舞蹈队的学生有32名，在一部分学生毕业后，只剩下了25名。在谷老师的一路努力下，慢慢扩大到现在将近100名学生。这一路很艰难。但也正是在这样的过程中，谷老师思考了一些本质性的问题：舞蹈到底需要培养孩子什么东西？

最初谷老师给学生排舞蹈参加比赛，目的很单一，就是创编出一个好的舞蹈节目，拿全市一等奖。但现在，舞蹈团已经成为了北京市的金帆舞蹈艺术团，所表演、展示和代表的不仅仅是一家小学，更是新一代少年儿童的精神风貌。所以，要从深层次挖掘出舞蹈的内涵，对孩子进行潜移默化的艺术教育，赋予孩子舞蹈艺术教育的精髓。

面对学生，谷老师既是老师，又扮演着家长的角色。谷老师说："学生们在生活中有些小问题，在我的课堂上都可以表现得一览无余。比如考试成绩有变动，家里有什么事，我就会跟他们及时沟通，化解他们心中的烦恼。在平时出去演出的时候，和孩子们吃在一起，行在一块。这样，孩子们跟我建立了深厚的感情。"

现在的谷老师已经在史家小学工作了 11 年了，获得的荣誉称号堪于比肩，如东城区首批"教育新秀"、东城区中青年骨干教师、东城区"蓝天工程"导师团成员、"小荷园丁"称号等殊荣，当然还获得过很多专业技术奖项：如创编并辅导舞蹈《小海军》获北京市第三届学生艺术节舞蹈比赛创作一等奖，《花中乐》获北京市第七届学生艺术节舞蹈比赛一等奖，踢踏舞《爆米花》获北京市第八届学生艺术节舞蹈比赛一等奖、第二届"小荷风采"全国少儿舞蹈展演"小荷之星"奖，《小狮子滚绣球》获北京市第八届学生艺术节舞蹈比赛一等奖，等等。

谷老师为理想的不懈追求与探索，为了教育天职不屈不挠的勤奋努力，是史家精神在一个普通艺术教师多年成长过程中的体现，随着这种精神在她身上的凝固，她就成为史家小学艺术教师最具代表性形象典范之一。

第2节 色彩中的斑斓

生活中处处有美，艺术会让人善于从生活中将它捕捉到。童蒙中的孩子还不是艺术家，就像一头刚刚学习捕食的小狮子，必须在母狮的循循善诱下学习寻觅踪迹、掌握时机、成功捕获。各方面能力正处于发展阶段的孩子，需要教师去引导、开发他们对美的感受能力、欣赏能力和评价能力，从而使他们能够从生活中捕捉到美，产生对美的表现欲望，以达到创造美的目标。张跃东就是这样一位引领孩子寻求美的老师。他在美术领域非常有造诣，也取得了骄人的成绩。在获得中学高级教师的职称后，张老师还是坚持艺术追求，在北京社会大讲堂开讲六年以来，身先士卒带着学校美术组，开展各种各样的社会资源与学科发展相整合的教育教学活动，将史家小学的美术特色传遍全国大江南北。

1991年，张跃东老师由美术师范毕业。2003年，来到史家小学。在参加工作近20年中，先后被破格评为小学高级教师和中学高级教师、北京市骨干教师，获得北京市优秀美术教师称号，成为人民美术出版社小学美术教材编委。同时，他也见证和亲历了史家小学近10年艺术教育的发展。

2005年，史家小学新建校舍，就曾多次采纳张老师的意见，建起了一个艺术校园。张老师说："无论当年的卓立校长还是今天的王欢校长，都非常重视学校的艺术教育建设，特别是美术教育。"正是这份重视，让张老师无怨无悔地进行着卓越的教研工作。

张老师说："在艺术大家庭里，美术有一个最大的优势，就是它的形象化。"所以，艺术校园的整体建设非常重视美术元素的渗透，包括校园雕塑的样态、安置都是张老师亲自把关的。

张老师认为，他的个人成长与学校美术教育的发展是息息相关的。史家小学初始就已经有美术阶梯教室，里面配有画架、画板，是按照适合学生美术技能发展而设计的。当时的美术课有一个天光教室，阳光照射到教室里面实现漫反射，光线自然柔和，非常适合学生画画。这个教室在当时来说非常先进。发展到今天，史家小学已经配备了六个美术专用教室。

张老师表示，正是由于学校领导的重视和配备了这样优越的环境，自己才会屡获佳绩。他曾获得全国美术课现场教学一等奖，北京市美术课堂教学一等奖，东城区"东兴杯"教学大赛一等奖，北京市美术教师教学基本功大赛一等奖，东城区美术教师基本功比赛一等奖，等等。他所撰写的教育教学论文多次获国家、市（区）级获奖。他指导全国、市级、区级徒弟达20余人，辅导学生获得各级各项绘画奖。

现在的张老师已经有了自己的美术团队了，他麾下的9位专业美术教师，个个勤勉努力，基本素质能力突出，得到市教研机构的全面认可。张老师也从细节入手，为全方位地带好这个美术团队，开辟了组内论坛，每周请一位老师对热门话题或学科问题进行主题讨论，随后大家有感而发。论坛不仅让教师实现了教学上的切磋，还让他们的工作压力得以释放，在轻松中获取专业和人生的启迪。

因为张老师出色的专业能力和一向为别人考虑的细致周到，每每提起他时，校内的老师都会啧啧称赞："张老师这个组长当得真好！"

第3节　笔墨间的灵动

古人言"书为心画"，一件书法作品的诞生，无疑是作者情感、志趣、意愿的表露，或多或少、或显或隐。而任何一件优秀的书法作品，之所以有强烈的艺术感染力，是因为它借助线条的挥舞，反映了书写者独特的精神气质和丰富的内心世界。俄国哲学家普列汉诺夫说过："艺术既表现人们的感情，又表现人们的思想，但是并非抽象地表现，而是用生动的形象来表现。"对陈庆红老师而言，黑白相映的作品是静止的，显示的却是一个个活脱脱的生命形象。

陈庆红老师1989年开始进行小学书法教学，曾担任东城区教研中心小学教研室书法学科兼职教研员11年，开区课10节、市级课2节，获东城区

写字学科教学一等奖 2 次,并多次获得"东城区优秀中青年教师""东城区
优秀中青年骨干教师"等个人荣誉称号,还评上"中学高级教师"职称。

书法课是史家小学的校本课程,教材是史家小学书法教师编写的。在
陈老师看来,学校书法教育的一个显著特点,就是用行动研究来推动校本教
研。举个例子来说,有一次陈老师教六年级的书法课《走进唐楷》。这节课
是在学生深入了解唐朝书法家欧阳询和颜真卿的生活背景、生平轶事、代表
作品等内容的基础上,初步认知欧体字笔画的基本特征之后,开展的一次能
力训练活动,通过辨析欧颜字体,旨在让学生掌握分辨不同书家字体,训练
学生的观察、分析、辨别能力,增强文化和审美素养。陈老师利用白板技术
复习欧体字的笔画特征,并对学生进行运用该特征的强化训练,使学生掌握
辨析欧颜字体的方法。这样的书法教学,增强了课堂的互动性,激发了学生
的学习兴趣,让学生感受到了不同书家的书写风格和中华民族文化的魅力。
课后,各位领导评课时,都给予很高评价。校长称,陈老师是史家小学教师
的典范,因为她的工作充分体现了史家小学教师的超前意识与创新精神。

因为陈老师的课堂总是能完美展现中华书法瑰宝风采,将书法课堂演
绎为心灵禅定之处,国内外来取经学习的人络绎不绝。自 1998 年以来,陈
老师共接待来自全国各地的听课教师团 25 个,听课人数 550 余人;为香港
国际学校师生,以及来自美国、以色列等国家的师生授课 19 节,听课人数
500 余人;下乡送课 1 节,开展城乡手拉手活动 2 次;并圆满完成接待巴西
副总统、我国总理温家宝和政协主席贾庆林等来访的重大任务。

陈老师现为史家小学教科室成员、书法组组长。曾参与《小学生学业成
就评价改革》《EPD(人口、环境和可持续发展)》《提高中学生整体质量的
研究(JIP)》《引进信息反馈技术构建互动教学模式的研究》《信息技术与学
科教学整合的实践研究》和《全国评价改革促进工程》等 7 个国家级课题和
5 个市级重点课题的研究工作。独立承担的课题《在合作反思中促进小学艺

术教师专业成长的行动研究》已顺利结题。

现在的她，正在带领着书法、音乐、美术、劳技、品生、品社、计算机等7个学科的25名教师开展行动研究教学模式的探索。她希望通过课题研究活动，把相对分散的学科教师联合起来，建立一个不同学科组之间的教师合作型学习组织，以跨学科的互动学习和实践，增进不同学科教师间的相互了解，取长补短，多方协作，增强在学校教育整体视角下的专业发展意识，提高教师基于多学科全面发展基础之上的自主发展能力，帮助教师逐渐将反思变成一种推动教学工作的良好职业习惯。

这些年，她还与张均帅老师一同编制了史家小学一至六年级全套书法练习本（12册），并自行开发六年级校本教材《走进唐楷》和《汉字演变》。陈老师的论文、课和课件等曾获区一等奖5个，市一等奖10个，市二等奖13个，市三等3奖个，全国一等奖2个，全国二等奖3个，全国三等奖6个，并被评为科研先进个人。撰写的4篇文章发表在杂志上，还有9篇文章分别被收入书中发表。

在培养学生方面，陈老师的荣誉也相当多。她曾获区美术类比赛优秀辅导教师奖4个，4次获教育部艺术委员会颁发的书法类指导工作一等奖。在2006年暑期全国万名骨干教师参加的教育部《中小学教师新课程国家级远程培训项目》的学习过程中，陈老师还荣获了"优秀学员"称号。

"小学艺术教育者在史家小学遇上了一个好时代，一个富有挑战又充满机遇的时代。"陈老师这样感慨。她相信，随着学校的阔步发展，一批批高素质、高水平的精英艺术人才和"一专多能"的综合性艺术人才会不断脱颖而出，他们在和谐教育理念的指引下，不断努力去探索和构建艺术教育新的培养模式，他们随着学校改革与发展的步伐，不断去开辟新的艺术教育领域，不断带领一批批孩子走入绚丽多彩的艺术新世界。

Postscript
后记

艺术教育是美育的重要方式，是德育的载体，它润物细无声地提升着儿童少年广博的文化素养，提高他们的思想品德水平，促进他们的身心健康，多维度培养他们的综合素质，为他们明天的幸福人生奠基。

在史家小学，艺术教育已经成为学校和师生发展的一种文化需求。从校园灵动的艺术氛围到高度负责的专家团队，从教师对艺术课程的卓越研究到学生高水平的社团活动，在艺术校园中寻觅艺术的人生。在这里，已经成为一种成长的共识。

可以说，教育不是单一地培养学生知识，更在于启迪智慧。尤其对于小学生，这些刚刚由童蒙中走出的崭新生命，我们要用艺术开启他们美的心灵，赋予他们未来一个美丽的人生，让这些童真的孩子刚刚开启的新鲜生命境界，在艺术的浸润和滋养下，得以清新，得以升华，得以绚烂如花。

领导重视、管理到位是艺术教育的组织保障。同时，史家小学艺术教育的成功关键在教师。史家小学的教师注重对学生艺术天资的发现和开发。有人说，情感是艺术的灵魂，没有情感，艺术就失去了生命；同样，情感也是艺术教育的灵魂，没有情感，艺术教育也就失去了生命。史家小学的教师正是以情感、真诚浇灌着学生心中的艺术之花。

　　史家小学艺术教育的发展，已经迈过了 73 年。在这漫长的跨越诸种不同社会形态的大半个世纪里，在不可阻挡的波澜壮阔的时代发展洪流中，它像一叶载着学校从不舍弃的教育理念、人文追求、为了孩子为了明天的绿色梦想的小小方舟，时而在巨浪中颠簸，时而在逆流中盘旋，时而绕过险滩，时而飞流直下，时刻以激流勇进的姿态，与孩子们一起跋山涉水，找寻那扇通往幸福的美丽之门。

　　随着社会的发展，艺术修养成为人的整体素质中的重要组成部分，因此，艺术必将渗透到社会生活的各个领域、发挥越来越巨大的功能——社会并不嫌弃太多的艺术家，但社会越来越需要更多全面发展的、高素质的公民……艺术教育直达学生的心灵，用康德的话说，美是情感知识与道德的桥梁。以美启智、以美育人，这正是史家小学的艺术教育所竭力追求的。

　　史家小学的艺术教育任重而道远！

作　者
2012年8月

跋

不断拓展史家教育的精神空间

《和谐教育丛书》是史家小学在全面梳理、系统总结 20 年和谐教育理论与实践基础上着力打造的一个教育文库。史家教育文库，致力于不断丰富学校发展的准确素材和科学依据，持续积累教育改革的实践成果和现实经验，从而为我国教育事业的繁荣和发展提供精神滋养。

《国家中长期教育改革和发展规划纲要（2010—2020 年）》指出："把促进学生健康成长作为学校一切工作的出发点和落脚点。关心每个学生，促进每个学生主动地、生动活泼地发展，尊重教育规律和学生身心发展规律，为每个学生提供适合的教育。"史家人认为，基础教育要致力于每个孩子禀赋的发挥、个性的舒展和生命的绽放，就是要秉承中华五千年文化，携手世界五大洲文明，优化并协调各种教育因素，使学校真正成为孩子成长的乐园。孩子健康快乐成长，永远是史家教育的出发点和归宿。面对孩子不断发展、持续更新的教育需求，史家人总是能够将其创造性地转化为和谐育人体系新的增长点。史家教育强调用和谐的方法培养"全面和谐发展"的人，并把和谐育人具化为"人与人的和谐""人与知识的和谐""人与自身的和谐""人与社会的和谐""人与自然的和谐"五个方面。当前，学校有效强化基础教育的基础性，把致力于孩子"全面和谐发展"进一步具化为"健康快乐成长"

217

与"身心智趣发展"。并且，在五个和谐关系的基础上逐步生成了史家"种子计划"，即以培养"和谐的人"为目标，凸显五大和谐支柱、强化五大基本意识、提升五大核心能力、搭设五大特色课程、推进五大金牌项目、打造五大资源基地，成就一个"和谐的人"。史家和谐育人体系犹如一粒鲜活饱满的种子，深深植根于每个孩子的幼小心灵中，伴其一生，惠其一生。

史家和谐，是一个不断发展、持续深化、全面开放的精神体系。新时期的基础教育向史家教育提出了新目标、新任务、新要求，注入了新思想、新方法、新活力。进一步拓展史家教育的精神空间，进一步发挥史家和谐的先导、示范和激励作用，已经成为全体史家人的追求与梦想。

史家的明天，将更加美好！

王 欢

史家小学校长

2012 年 8 月